Die Reformatoren

rororo

rowohlts monographien
begründet von Kurt Kusenberg
herausgegeben von Uwe Naumann

Die Reformatoren

Dargestellt von Veit-Jakobus Dieterich

Rowohlt Taschenbuch Verlag

Umschlagvorderseite: Epitaph des Michael Meyenburg.
Von Lucas Cranach d. J., 1558. Ausschnitt aus einer Kopie nach einer 1927 gefertigten Kopie des Epitaphs.
Der Epitaph ging 1945 vollständig verloren.
Von links: Martin Luther, Johannes Bugenhagen, Erasmus von Rotterdam, Justus Jonas und Caspar Cruziger
Umschlagrückseite: Titelblatt der ersten Vollbibel in Luthers Übersetzung, Wittenberg 1534
Teufel mit Sackpfeife. Polemisches Flugblatt gegen das Mönchstum. Einblattholzschnitt von Erhard Schön, um 1530

Seite 3: Lucas Cranach d. Ä. und Werkstatt:
Johann Friedrich der Großmütige, Kurfürst von Sachsen, im Kreis der Wittenberger Reformatoren. Gemälde, 1532/39.
Zur Rechten des Kurfürsten Martin Luther, links Philipp Melanchthon

2. Auflage März 2010

Originalausgabe
Veröffentlicht im Rowohlt Taschenbuch Verlag GmbH, Reinbek bei Hamburg, Oktober 2002

Umschlaggestaltung Ivar Bläsi
Redaktionsassistenz Katrin Finkemeier
Reihentypographie Daniel Sauthoff
Layout Gabriele Boekholt
Satz PE Proforma *und* Foundry Sans *PostScript, QuarkXPress 4.11*
Gesamtherstellung CPI – Clausen & Bosse, Leck
Printed in Germany
ISBN 978 3 499 50615 4

INHALT

Wurzeln

Scheiterhaufen

«Heute bratet ihr eine Gans [tschech.: husa], aber aus ihrer Asche wird ein Schwan auferstehen.» Ein Scheiterhaufen, vor den Toren der freien Reichsstadt Konstanz, März 1415. In Flammen steht kein Heerführer, kein Revolutionär, vielmehr ein Theologieprofessor, einer, der redet und schreibt, kein Mann der Tat. Ein friedlicher Mensch also, doch ein gefährlicher. Denn er fasst die mächtige Kirche beim Wort – beim Wort Gottes, gegen die Tradition.

Gegen den Ablass hat er gepredigt und gegen die Verweltlichung des Klerus, für eine Kirche, die aus den Entschiedenen, aus den Auserwählten besteht, für den Laienkelch und die Ehe der Priester. Gefährliche Dinge also, für die der Mann mit dem kirchlichen Bann bestraft wird. Doch seine Anhänger übergeben die päpstliche Bannbulle den Flammen.

Jan Hus auf dem Scheiterhaufen. Farbige Federzeichnung aus der Chronik des Ulrich von Riechenthal, um 1430

Jan Hus, der 1369 geborene Theologieprofessor aus Prag, taucht unter, stellt sich dann dem Konzil von Konstanz, in der Tasche Brief und Siegel des mächtigsten Mannes Europas, des deutschen Königs und späteren Kaisers Sigismund, der ihm freies Geleit zusagt.

Der Theologieprofessor ist mutig, er steht zu seinem Reformationswort, verweigert, vom Glauben entflammt, den geforderten Widerruf. Man nimmt ihn in Haft, macht kurzen Prozess, verurteilt ihn zum Tod. Die Strafe wird wirklich vollzogen, das königliche Wort ist das Papier, auf dem es steht, nicht wert. Der Ketzer Hus steht in Flammen.

Sterbend bittet er für seine Gegner und hofft, dass sein Wort ihn selbst überlebt. Die Asche des Toten streut man in den Rhein, der sie weiterträgt …

Vor-Reformatoren

Personen: Petrus Waldes (gest. um 1218), Kaufmann in Lyon; John Wyclif (um 1320–1384), Professor in Oxford; Jan (Johannes) Hus (um 1370–1415), Professor in Prag.
Anliegen: Armut; Laienkirche (Laienkelch und Priesterehe); Rückkehr zu Bibel und Urgemeinde.
Wirkung: Waldenserkirche; Hussitentum (bes. Böhmische Brüder).

Szenenwechsel: Gut ein Jahrhundert später, etwa 300 Kilometer rheinabwärts. Wie sich die Dinge gleichen: Zwar tagt jetzt kein Konzil, doch ein Reichstag. Wiederum steht ein Professor der Theologie vor Gericht, einer, der vom Papst gebannt ist, aus ähnlichen Gründen: Kampf gegen Ablass und Tradition, Berufung auf Gottes Wort, auf die Heilige Schrift: *Das Wort sie sollen lassen stahn!* Einer, der die Bannandrohungsbulle des Papstes öffentlich verbrannt hat, mit eigener Hand. Einer, der Brief und Siegel mit der Zusage freien Geleits in der Tasche trägt, das Ehrenwort Kaiser Karls V., des mächtigsten Mannes auf Erden. Martin Luther steht vor dem Reichstag zu Worms, am 18. April 1521. Auch er verweigert vor der höchsten weltlichen Instanz den Widerruf, trumpft gar noch, wie erzählt wird, selbstbewusst auf: *Hier stehe ich, ich kann nicht anders.* Und nimmt sich das Schlusswort: *Gott helfe mir! Amen.* (LW3, 15)

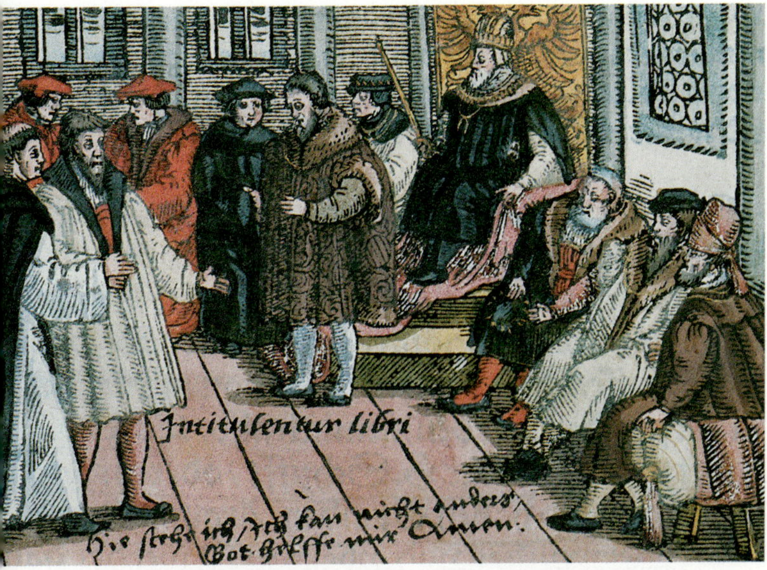

Luther auf dem Reichstag zu Worms vor Kaiser Karl V. und den Kurfürsten. Kolorierter Holzschnitt aus den «Historien» des L. Rabus, Straßburg 1557

Nun hängt alles an der Antwort des Kaisers. Wird der mutige Mönch sein Leben retten, wird er verbrannt? In den Köpfen der Menschen ist der Scheiterhaufen schon errichtet: *Mittlerweile kamen viele vom Adel in meine Herberge und sagten: «Herr Doktor, wie geht's? Man sagt, man wolle euch verbrennen [...].»* (LWE3, 50)

Herren

«Ihr wißt, daß ich von den allerchristlichen Kaisern der edlen deutschen Nation abstamme, von den katholischen Königen Spaniens, den Erzherzögen Österreichs, den Herzögen von Burgund, welche alle bis zum Tode getreue Söhne der römischen Kirche gewesen sind, Verteidiger des katholischen Glaubens [...]. Deshalb bin ich entschlossen, an allem festzuhalten, wie meine Vorgänger und ich es bisher getan haben [...]. Denn es ist sicher, daß ein einzelner Bruder mit seiner Meinung, die gegen die ganze Christenheit steht, irrt, da nach dieser Meinung die Christenheit tausend Jahre und mehr geirrt haben müßte [...]. Nach der halsstarrigen Antwort, die Luther gestern in unser aller Anwesenheit gegeben hat, erkläre ich euch, daß ich bedaure, so lange gezögert zu haben, gegen ihn und seine falsche Lehre vorzugehen, und daß ich nicht gewillt bin, ihn noch einmal anzuhören. Die Zusage freien Geleits werde ich halten [...] aber ich werde ihn, wie gesagt, in Zukunft wie einen notorischen Ketzer behandeln und ersuche euch als Christen, euch ebenso zu verhalten.» (KV., 33–35)

Mit dieser Antwort tritt Karl V. am Tag nach Luthers Verhör in Worms an die Öffentlichkeit. Er versteht sich als weltlicher Hüter des Glaubens, als Wahrer der Einheit des christlichen Abendlands, als Kaiser in mittelalterlich-sakralem Sinn. Und er hält Wort: Die Zusage freien Geleits gilt, auch für den Todfeind, für einen Ketzer, der ebendiesen Glauben bedroht. Drei Wochen lässt er ihm Zeit, sich in Sicherheit zu bringen, dann erst, am 8. Mai, erklärt er über ihn die Acht, veröffentlicht am 26. Mai 1521 im Wormser Edikt. Warum macht der Kaiser nicht kurzen Prozess? Warum hält er sein Wort? Was ist er für ein Mensch?

Karl V., der Einundzwanzigjährige mit den markanten Gesichtszügen, mit der Adlernase und dem Charakterkinn, weit nach vorne geschoben, ist entschlossen und zaudernd in einem, voll kriegerischem Tatendrang und von zarter Konstitution, klug und schlicht, mit widersprüchlichen Seiten.

Im Jahr 1500, exakt zur Jahrhundertwende, geboren, wurde er dank der klugen Heiratspolitik seines Großvaters, des habsburgischen Kaisers Maximilian I., zum Herrscher bedeutender Reiche: der habsburgischen Stammlande in Österreich, Ungarn und Böhmen, weiter Süditaliens sowie der norditalienischen Städte, ferner Burgunds, des Reichs zwischen Deutschland und Frankreich bis hinab in die Niederlande, und schließlich Spaniens, wo er aufwuchs. 1519, nach dem Tod des Großvaters, gewann er, gerade neunzehnjährig, die Wahl zum deutschen Kaiser. Der mächtigste Mann Europas war bald auch der mächtigste Mann der Welt. In den beiden Jahren zwischen der Kaiserwahl und dem Wormser Reichstag erobert Hernán Cortés nach dem Motto «Für Gott die Seelen, das Land für den Kaiser» das Aztekenreich in Mexiko, Anfang des nächsten Jahrzehnts kommt durch Francisco Pizarro das Inkareich in Peru, Ecuador und Chile hinzu. Das christliche Abendland unterwirft einen Kontinent, den Christoph Kolumbus für Europa 1492 wieder «entdeckte». Karl V. herrscht über ein Reich, «in dem die Sonne niemals untergeht», wie er selbstbewusst anmerkt, seinem Lebensmotto getreu: «Plus ultra»!

Und dieser mächtige, gebildete Mann, der neben Spanisch Französisch und Latein beherrscht, betritt 1521 zum ersten Mal Deutschland, dessen Sprache er nicht versteht, und veranstaltet in Worms einen Reichstag. Was hindert ihn daran, Luther sofort zu töten oder nach dem Wormser Edikt den Geächteten verhaften, verurteilen, verbrennen zu lassen, wie dies ein Ketzer nicht anders verdient?

Der mächtige Kaiser hat Feinde. Im Westen Franz I., seit 1515 König von Frankreich. Er sieht sich vom Haus Habsburg umzingelt und erhebt seinerseits Anspruch auf Norditalien und Burgund. Auf der anderen Seite, im Osten, Sultan Suleiman II.,

Kaiser Karl V. Kopie von Peter Paul Rubens, 1603, nach einem verlorenen Gemälde von Tizian, 1548

der Große, auch der Prächtige genannt. Er führt seit 1520 das Osmanenreich zu ungeahnter Blüte, gewinnt im Mittelmeer die Kontrolle über den venezianischen und den genuesischen Handel, dringt auf dem Balkan vor, 1529 gar bis nahe Wien, ins Herz

Papst Leo X.
Zeichnung von Sebastiano del Piombo

der habsburgischen Herrschaft. Im Süden den Papst. Er fühlt sich vom Kaiser umklammert, wie Frankreich auch. Im Norden schließlich Heinrich VIII. Er regiert England seit 1509 und setzt sich gegen den habsburgischen Führungsanspruch zur Wehr. Obwohl sich die Gegner in wechselnden Koalitionen verbünden, gelingen Karl überwältigende Siege: Franz I., nach der Niederlage von Pavia 1525 in kaiserliche Gefangenschaft geraten, muss Karl V. ewigen Gehorsam schwören. 1527 plündern kaiserliche Truppen Rom so gründlich, dass dieses «Sacco di Roma» genannte Ereignis die Renaissancekultur in Italien schwer erschüttert, der Papst aber plötzlich bereit ist, Karl V. 1530 in Bologna zum deutschen Kaiser zu krönen. In Nordafrika schließlich erobert der Kaiser 1535 Tunis. Es gelingt Karl, seine zersplitterten Herrschaftsgebiete zu behaupten, mehr aber erreicht er trotz aller Siege nicht. Vor allem wird er der Ketzerei in Deutschland nicht Herr. Hat er außenpolitisch den Rücken frei, kommt er nach Deutschland, beruft einen Reichstag ein und versucht, das Wormser Edikt durchzusetzen. Doch zwingen ihn fünf Kriege mit Frankreich, die Kämpfe gegen die Türken sowie die Primatsquerelen mit dem Papst zur Abwesenheit vom Reich und zu Kompromissen mit den Ketzern, deren Unterstützung er braucht. Das Wormser Edikt wird ausgesetzt, die Religionsfrage aufgeschoben. Zugespitzt formuliert: Muslime, Franzosen, gar der Papst ermöglichen die Reformation in Deutschland.

Zu den äußeren Problemen treten die inneren: die finanzielle Abhängigkeit von Jakob Fugger II., dem Reichen, der mehr als eine halbe Million Goldgulden zu den für die Kaiserwahl notwendigen Bestechungsgeldern vorstreckt und Karl zu gelegener Zeit daran zu erinnern pflegt, «daß Eure Majestät die römische Krone ohne uns nicht hätte erlangen können»; weiter die Unmöglichkeit, ein Reich, das in 300 mehr oder weniger selbständige Herrschaftsgebiete aufgesplittert ist, zu regieren; die Macht der deutschen Fürsten, die Karl V. nach seiner Wahl zur «Reichskapitulation» zwingen, zur Anerkennung der Existenz von «Reichskammergericht» und «Reichsheer», vom Kaiser unabhängigen richterlichen und exekutiven Gewalten für die Zeiten seiner Abwesenheit vom Reich; schließlich die starke Stellung des Kurfürsten Friedrichs des Weisen von Sachsen, des mächtigsten Fürsten im Reich, der diesen Ketzer Luther, seinen Untertan, schützt. Zwar gelingt Karl auch hier ein vernichtender militärischer Schlag. 1547 erobert er Wittenberg, das neue, evangelische Rom. Doch trifft er damit weder den Ketzer, denn der ist bereits tot, noch die Ketzerei, denn die hat sich längst wie eine Seuche verbreitet.

1556, zwei Jahre vor seinem Tod, verzichtet Karl V. auf Amt und Würden, er zieht sich ins Kloster zurück. So sehen wir denn diesen mächtigen, stolzen Mann gegen Ende seines Lebens auf einem Bild von Tizian resigniert, «den Blick ins Unergründliche gerichtet, als sei alles um ihn herum Luft oder Glas, durch das er teilnahmslos hindurchsieht» (Egon Friedell). Er ist gescheitert, an seinen außenpolitischen Feinden und den innenpolitischen Gegnern, an seinem Traum vom abendländischen Kaisertum und an Luthers Reformation.

Im Rückblick bereut der alternde, gichtgeplagte Kaiser sein ehrenhaftes Verhalten von Worms: «Es wäre ein Irrtum, die Ketzer nicht zu verbrennen, wie ich irrte, als ich den Luther nicht umbrachte. Ich irrte, denn ich wäre nicht verpflichtet gewesen, mein Wort zu halten, da ja der Ketzer gegen einen größeren Herrn sündigt, der Gott ist [...]; allein ich habe ihn nicht getötet, und so wuchs dieser Irrtum ins Ungeheuerliche.» (KV., 131)

Gärungen

Das kann man aber nicht leugnen, daß Kaufen und Verkaufen ein nötig Ding sind, des man nicht entbehren und wohl christlich brauchen kann [...]. Es sind Gottes Gaben, die er aus der Erde gibt und unter die Menschen teilet. (LW5, 115)

Mit diesen Worten charakterisiert Luther die Fruchtbarkeit der deutschen Länder, ihren Reichtum an Bodenschätzen und den aufblühenden Handel dieser Zeit. Und wirklich, die Epoche um 1500 ist eine Phase des Wachstums auf vielen Gebieten. 16 Millionen Einwohner hat das Reich, und die Bevölkerungszahl steigt, trotz hoher Sterblichkeit, vor allem aufgrund der wachsenden Nahrungsmittelproduktion. Der Masse der Bevölkerung geht es um die Jahrhundertwende besser als 50 Jahre später. Bei der Herstellung der Bekleidung dominiert das Verlagswesen, bei dem ein kapitalkräftiger Verleger den kleinen, familiengestützten Handwerksbetrieben Geld oder Rohstoffe vorschießt, «vorlegt». Den wirtschaftlichen Aufschwung aber bringt der «Bergsegen» mit Eisenerz-, Kupfer-, Silber- und Zinnfördermengen, die in den folgenden Jahrhunderten nicht wieder erreicht werden. Der Handel blüht, vor allem der Fernhandel, nach Osten hin gegen Indien, nach Westen zum neu entdeckten Kontinent, von dem riesige Mengen an Gold und Silber nach Europa fließen. Kapitalgesellschaften ermöglichen durch Akkumulation von Geld große Unternehmungen, Monopole in Bergbau und Handel erwirtschaften riesige Gewinne, Geldverleih bringt per annum 10, 15, ja 20 Prozent Zins.

Silberbergbau. Rückseite des Bergknappschaftsaltars von Hans Hesse in Annaberg. Vor 1521

Doch profitieren von dieser rasanten Entwicklung in erster Linie die großen Kaufleute und Bankiers, allen voran der Fugger Jakob II. aus Augsburg, der es mit ostindischem Gewürzhandel und dem Kupfermonopol in Europa vom Nobody bis zum kaiserlichen Finanzier und zum Reichsadligen bringt.

Die mangelnde Verteilungsgerechtigkeit aber schafft Unmut. Martin Luther fordert ein Wirtschaftsrecht: *Hier müßte man wahrlich auch den Fuggern und dergleichen Gesellschaften einen Zaum ins Maul legen. Wie ist's möglich, daß es sollte göttlich und recht zugehen, daß bei eines Menschen Leben sollten auf einen Haufen so große, königliche Güter gebracht werden? Ich weiß die Rechnung nicht.* (LW 2, 147)

Leidtragende der Entwicklung in der Stadt sind Familienbetriebe, die in die Abhängigkeit der Verleger geraten, einfache Handwerker, die mit der Konkurrenz und den Umstrukturierungen nicht mithalten können, und Arbeiter, die sich mit sinkenden Löhnen zufrieden geben müssen oder arbeitslos werden. Leidtragende sind die Kinder, die von früh auf Schwerstarbeit verrichten, auch unter Tage. Vor allem unter den Bergknappen kommt es zu Unruhen.

Es gärt auch unter der ländlichen Bevölkerung, die mit einem Anteil von 80 Prozent den Großteil der Bewohner des Deutschen Reiches stellt. Auf dem Land leben mit einem Arbeitstag von vierzehn Stunden Leibeigene, Hörige und freie Bauern, deren Rechte im Spätmittelalter zunehmend eingeschränkt, die Abgabenlasten jedoch erhöht werden. Viele Bauernhöfe sind um mehr als die Hälfte ihres Wertes verschuldet. Gärungen gibt es auch im niederen Adel, den Rittern, die militärisch durch die neuen Feuerwaffen und die Söldnerheere, politisch durch die zentralistischen Bestrebungen der Fürsten und wirtschaftlich durch sinkende Nahrungsmittelpreise in Bedrängnis geraten. Der Geldmangel ist bei ihnen chronisch. Ein Morgen Ackerland wird für zwei bis fünf Gulden verkauft, für ein Frauenkleid aber bezahlt man neun bis zehn Gulden.

Was bleibt als Ausweg? Der individuelle macht Ritter zu Verwaltungsangestellten eines Landesherrn oder zu Raubrittern, die Kaufleute überfallen. Hans Luder, der Vater des Reformators, wechselt den Beruf vom Bauern zum Bergwerkarbeiter und steigt bis zum selbständigen Hüttenbesitzer auf. Die Karriere des Selfmademan soll der Sohn fortsetzen mit einem Studium der Rechte, weil sich als Advokat allemal mehr Geld machen lässt denn als Theologe oder Mediziner, den beiden anderen höheren Studienrichtungen der Zeit. Natürlich gelingt es nicht jedem, so erfolgreich zu sein …

Der andere Weg ist der kollektive zu Neuorientierung, Protest oder Revolution. Bauernunruhen häufen sich im Zeichen des Bundschuhs, des zum Symbol gewordenen Schnürschuhs der Bauern.

Am Vorabend der Reformation schlagen sich diese Gärungen nieder in den «Gravamina», den «Beschwerden», die überall formuliert und verbreitet werden, jetzt, dank der Erfindung des Buchdrucks mit beweglichen Lettern durch Johannes Gutenberg, als Drucke oder illustrierte Flugblätter.

Einen nationalen, antiklerikalen Zug erhalten diese Beschwerden, die von einer ausgeprägten Volksfrömmigkeit und von der Hoffnung auf ein Reformkonzil gespeist werden, durch den Hass auf die von Italien und von Rom dominierte Papstkirche. Trotz Nepotismus (Vetternwirtschaft), Simonie (Ämterverkauf), Verweltlichung, Prunksucht und Machtpolitik blüht in Italien um die Jahrhundertwende die Hochrenaissance. Leonardo da Vinci schafft seine Mona Lisa. Michelangelo Buonarroti malt die Sixtinische Kapelle aus. Papst Leo X., ein hochgebildeter Mann, schreibt für den Neubau des Petersdoms, der prächtigsten Kirche der Christenheit, den Peterspfennig aus, einen Ablass, der in Deutschland das Fass

Gravamina (Beschwerden)
Doch sie [die geistlichen und weltlichen Häupter] zeigen, mit Verlaub, den Hintern und wollen keine Reformation, und die geistlichen Häupter bedienen sich alle der Simonie [des Ämterverkaufs] mit Gewalt, und die Habgier hat ihren Lauf bei Weltlichen und Geistlichen mannigfach.

Aus der anonymen, 1439 entstandenen, am Vorabend der Reformation weit verbreiteten Schrift «Reformatio Sigismundi»

Petersplatz, Vatikan und alte Peterskirche in Rom. Federzeichnung von Maarten van Heemskerk, 1532–36

zum Überlaufen bringt. Auf dem Reichstag zu Worms beklagen sich 1521 die deutschen Stände beim Kaiser: «[…] darum dem Fiskal zu Rom viele Sachen zustehen, dadurch die Deutschen unbillig von Rom gefordert und mit großen Kosten beschwert werden, was doch nicht zu leiden ist.» (DRII, 717) Und der Kaiser schließt sich dieser Sichtweise an, wenn er 1526 in einem Brief an den Papst beanstandet: «Aus meinen Königreichen und Provinzen werden mehr jährliche Abgaben nach Rom entrichtet als von allen übrigen Völkern zusammen […].» (KV., 61)

So spricht Luther den Leuten aus dem Herzen, wenn er 1520 schreibt: *Nun Welschland [Italien] ausgesogen ist, kommen sie ins deutsche Land, heben fein säuberlich an, aber sehen wir zu, das deutsche Land soll bald dem Welschen gleich werden.* (LW2, 97) Er, der Rom kennen gelernt hat und beim Anblick der Stadt begeistert ausrief: *Sei gegrüßt, heiliges Rom!*, urteilte später vernichtend: *Gibt es eine Hölle, so steht Rom darauf.* (LWE3, 21, 24)

«Gott helfe mir, Amen!» Martin Luther

1. Wenn unser Herr und Meister Jesus Christus sagt: «Tut Buße», so will er, daß das ganze Leben seiner Gläubigen auf Erden eine stete Buße sein soll. […]

71. Wer wider die Wahrheit des päpstlichen Ablasses redet, der sei verflucht und vermaledeit!

72. Wer aber wider des Ablaßpredigers mutwillige und freche Worte Sorge trägt oder sich bekümmert, der sei gesegnet! […]

75. Des Papstes Ablaß für so wirksam zu halten, daß er einen Menschen von der Sünde lösen könne, selbst wenn er, um von etwas Unmöglichem zu reden, die Mutter Gottes geschwächt hätte, heißt unsinnig sein. (LW 1, 31, 36)

Mit wuchtigen Hammerschlägen nagelt ein Mönch 95 Thesen an ein Portal der Schlosskirche zu Wittenberg, so will es die Legende, in Bildern bis zur Gegenwart tausendfach dargestellt. Wir schreiben das Jahr 1517, den 31. Oktober. Noch heute feiert man im Herbst in evangelischen Kirchen alljährlich den Reformationstag.

Der Mönch ist bis dato ein Unbekannter, ein *Mönchlein*, wie er selbst sagt, doch immerhin Professor der Theologie an der jungen, erst 1502 gegründeten Universität Kursachsens in Wittenberg. Sein Name: Martin Luther, sein Alter: 33 Jahre. Die frühen Porträts zeigen ein ernstes, markantes Gesicht, mit starken, vorspringenden Backenknochen, gewölbter Stirn und schmalen, zusammengepressten Lippen, eine hagere Gestalt mit Kutte und Tonsur, den Attributen eines Mönchs. Ein Mann, dem man ansieht, dass es ihm ernst ist, einer voll Kraft, Trotz, Energie.

Er hat einen Gegner, Johannes Tetzel, einen Ablassprediger, der mit dem legendär gewordenen Spruch Erfolg hat: «Sobald das Geld im Kasten klingt, die Seele aus dem Fegfeuer springt.» Das erregt Anstoß: Der sächsische Kurfürst Friedrich der Weise fürchtet wirtschaftlichen Schaden, wenn seine

Martin Luthers Thesenanschlag.
Gemälde von Ferdinand Pauwels, 1872

Landeskinder ihr Geld nicht zur eigenen, deutschlandweit größten Reliquiensammlung bringen, sondern ins benachbarte Halberstadt zu Tetzel. Theologisch sorgt sich der Seelsorger und Beichtvater Luther, dessen Beichtkinder es mit Reue und Buße nicht mehr sehr ernst nehmen, können sie sich doch die Absolution mit klingender Münze erkaufen, auch für die allerschwerste, undenkbare Missetat. Denn Tetzel sagte *etwa folgendes: hätte einer die Jungfrau Maria geschändet, so wird ihm mein*

Ablaß helfen […]. Tetzel machte es so grob, daß man es (mit Händen) greifen musste. (LWE3, 39)

Der Ablassprediger aber handelt in höchstem Auftrag. Hinter ihm steht Albrecht von Brandenburg, Erzbischof von Magdeburg, Administrator des Bistums Halberstadt, seit drei Jahren zudem Erzbischof von Mainz und in dieser Funktion Kurfürst und Erzkanzler des Reichs, gleich hinter dem Kaiser der zweitmächtigste Politiker im Reich. Die Hälfte des durch Tetzel und andere eingetriebenen Ablasses geht an ihn und damit an die Fugger, die die für den Erwerb der Mainzer Erzbischofswürde nötige Summe von über 20 000 Gulden vorgestreckt hatten, die andere Hälfte direkt an Papst Leo X. für den Neu- und Ausbau des Petersdoms. Was bei der Kaiserwahl geschah, wiederholt sich hier, zudem sind Ämterhäufung und Ämterkauf (Simonie) nach kirchlichem Recht nicht erlaubt. So schlug Luther denn auch die Thesen wohl nicht an die Kirchentür, sondern schickte sie mit einem Begleitschreiben an besagten Erzbischof Albrecht und dann an zahlreiche Gelehrte: *Denn nirgendwo hat Christus befohlen, den Ablaß zu predigen. Aber das Evangelium zu predigen hat er nachdrücklich befohlen.* (LD10, 28)

Luther will keine neue Institution, nicht einmal eine Reformation, er erinnert die Kirche nur an ihren Auftrag, fordert Beseitigung der Missstände, kaum eine Reform. Doch die Thesen machen schlagartig Furore, die im Untergrund schwelende Kirchenkritik explodiert. Innerhalb vierzehn Tagen war Luther mit seinen Thesen in den deutschen Ländern eine Berühmtheit. *Das hieß nun, den Himmel stürmen und die Welt in Brand setzen.* (LW1, 21) Diesen Sturm hatte Luther nicht gewollt. *Da dachte ich: Potz Leichnam, will es dahin gelangen, daß die Sache vor den Papst kommt?* (LWE3, 41) Der Mönch bekommt vor dem eigenen Mut Angst. *Zu jener Zeit war ich noch schwach; ich wollte den Papst nicht angreifen, ich hatte Respekt […].* (LWE3, 42)

Martin Luther kannte die Furcht, schon als Kind. Die Furcht vor Gott und dem Jüngsten Gericht, vor Hölle und Teufel, vor Vater und Mutter. *Meine Eltern haben mich in strengster Ordnung gehalten, bis zur Verschüchterung. Meine Mutter stäupte mich um einer einzigen Nuß willen bis zum Blutvergießen. [...] Mein Vater stäupte mich einmal so sehr, daß ich vor ihm floh und daß ihm bange war, bis er mich wieder zu sich gewöhnt hatte.* (LWE3, 12) Nicht anders als die Eltern reagieren die Lehrer: *Es sind manche Präzeptoren so grausam wie die Henker. So wurde ich einmal vor Mittag fünfzehnmal geschlagen, ohne jede Schuld, denn ich sollte deklinieren und konjugieren und hatte es noch nicht gelernt.* (LWE3, 14) Die Schrecken der Kindheit und Jugend vergaß Luther nie.

Am 10. November 1483 in Eisleben als Sohn der Margarete Lindemann und ihres Ehemanns Hans Luder geboren, beschreibt er später ein wenig romantisierend seine Herkunft: *Ich bin eines Bauern Sohn: der Urgroßvater, mein Großvater, der Vater sind richtige Bauern gewesen.* (LWE3, 11)

Nach der Schulzeit in Mansfeld, Magdeburg und Eisenach, dem Grundstudium an der Universität Erfurt, dann dem der Jurisprudenz, ereignet sich im Sommer 1505 eine erstaunliche Wende: Bei Stotternheim von einem heftigen Gewitter überrascht, gelobt Luther in Todesangst: *Hilf du, hl. Anna, ich will ein Mönch werden!* (LWE3, 18) Er hält das Gelübde, geht ins Kloster der Augustinereremiten in Erfurt, gegen den Willen der Freunde und Verwandten: *Auch mein Vater war sehr zornig über das Gelübde, doch ich beharrte bei meinem Entschluß. [...] Ich war der Welt ganz abgestorben.* (LWE3, 19) Nicht nur gegen äußere Widerstände, auch gegen innere: *Ich bin nicht gerne ein Mönch geworden.* (LWE3, 19)

Probezeit, Profess, Priesterweihe (1507), Studium der Theologie, eigene Vorlesungstätigkeit, Reise nach Rom (1510/11), Promotion zum Doktor, Professor der Bibelwissenschaften an der Universität Wittenberg (1512): von außen betrachtet eine beachtliche und schnelle Karriere. Auch als Mönch hält sich Luther tadellos: *Denn ich habe das Gelübde getan nicht um des Bauches, sondern um meiner Seligkeit willen, und habe unsere Regeln peinlich streng gehalten.* (LWE3, 19) Armut, Keuschheit, Gehorsam – Luther hat keine Probleme mit den strengen Gelübden: *Als Mönch habe ich nicht viel Begierde gespürt. Pollutionen hatte ich aus leiblicher Nötigung. Die Weiber schaute ich nicht einmal an, wenn sie beichteten [...].* (LWE3, 24)

Doch der Schein trügt. Den untadeligen Mönch plagt sein Gewissen: *Oh, meine Sünde, Sünde, Sünde!* (LWE3, 28) Die kirchlichen Entsühnungsmechanismen, gute Werke, Beichte, Ablass und Kutte, helfen nicht; alle menschlichen Anstrengungen kommen an ihr Ende, wie der Beichtvater Johann von Staupitz, Augustinerprior und Gründungstheologe der Universität, bestätigt: «Denn das menschliche Wollen erzeugt entweder Vermessenheit oder Verzweiflung. Der Mensch kann ja Gottes Gesetz nicht erfüllen.» (LWE3, 29) Sündenbewusstsein, Angst vor Gottes Gericht und Depression folgen: *Da wurde ich wie eine Leiche.* (LWE3, 27) Der Welt abgestorben, fühlt sich Luther nun auch vom gerechten Gott zum Tode verurteilt.

Da ereignet sich wieder eine radikale Kehrtwendung, eine Bekehrung, wie damals im Gewitter bei Stotternheim. Der Römerbrief (Römer 1,17) offenbart ihm Gott nicht als strafenden Richter, sondern als gnädigen Retter: *Unablässig sann ich Tag und Nacht, bis ich auf den Zusammenhang der Worte merkte, nämlich: «Die Gerechtigkeit Gottes wird im Evangelium offenbar, wie geschrieben steht: Der Gerechte lebt seines Glaubens.» Da fing ich an, die Gerechtigkeit Gottes als eine solche Gerechtigkeit zu begreifen, durch die «der Gerechte als durch Gottes Geschenk lebt», d. h. also «aus Glauben» […]. Nun fühlte ich mich ganz und gar neugeboren: die Tore hatten sich mir aufgetan; ich war in das Paradies selber eingegangen.* (LW1, 27)

Dieses «Turmerlebnis» im Augustinerkloster zu Wittenberg (1513/18), die Erkenntnis von Gottes Rechtfertigung des Menschen *ohne Werke, aus Glauben allein,* wird zum Grundgedanken der neuen Theologie. In diesem Geist schreibt der Reformator seinen Familiennamen nun in der Form «Luther», im Anklang an das griechische Wort «eleútheros» (frei). In diesem Geist bekämpft er den Missbrauch des Ablasses der Kirche und das Missverständnis von der Heilswirksamkeit der guten Werke des Menschen. Lapidar formuliert er 1520 in *Von den guten Werken: Das erste und höchste, alleredelste gute Werk ist der Glaube an Christum […].* (LW2, 5)

Im selben Jahr 1520 entfalten drei innerhalb weniger Monate herausgegebene Werke, die *Adels-*, die *Kirchen-* und die *Frei-*

Hieronymus Bosch:
Die Hölle. Eine der vier so genannten Jenseitstafeln, um 1500

heitsschrift, den reformatorischen Kerngedanken in politischer, kirchlicher und ethischer Richtung.

Mit dem Werk *An den christlichen Adel deutscher Nation von des christlichen Standes Besserung* fordert Luther den weltlichen Adel zu einer grundlegenden Reform in Deutschland auf, zu einem nationalen Konzil: *Ich habe […] zusammengetragen etliche Stücke, christliches Standes Besserung belangend, dem christlichen Adel deutscher Nation vorzulegen, ob Gott wollte doch durch den Laienstand seiner Kirche helfen; sintemal der geistliche Stand, dem es billiger gebührt, ist ganz unachtsam geworden.* (LW 2, 83) Und dann nimmt Luther alle in Umlauf befindlichen «Beschwerden» (Gravamina) über die Missstände in Kirche, Staat und Gesellschaft auf und dringt auf Reformen: die Macht und Prunksucht des Papstes, den Zölibatszwang für Priester, die sozialen Verhältnisse … Luther setzt sich mit diesem Pamphlet, das zum Bestseller avanciert, an die Spitze der Reformbewegung in Deutschland.

In der ausführlichen theologischen Abhandlung *Vom babylonischen Gefängnis der Kirche* greift Luther die Grundlage der katholischen Kirche an, die Sakramentenlehre. Als Kriterien für ein echtes Sakrament nennt er die biblische Einsetzung und das äußere, sichtbare Zeichen. *Daraus folget […], daß in der Kirche Gottes nicht mehr denn zwei Sakramente sind, die Taufe und das Brot, dieweil in diesen zweien allein gefunden wird das aufgerichtete göttliche Zeichen und Vergebung der Sünden.* (LW2, 252)

Die kurze Schrift *Von der Freiheit eines Christenmenschen* pointiert die Rechtfertigungslehre und verbindet sie mit der Ethik. Der Mensch kann sich den Himmel nicht verdienen, doch weiß sich ein gerechtfertigter Mensch aus Dankbarkeit gegen Gott auch zum Dienst am Mitmenschen befreit: *Gute, fromme Werke machen nimmermehr einen guten, frommen Mann, sondern ein guter, frommer Mann macht gute, fromme Werke […].* (LW2, 280)

Mit diesen drei Schrif-

Hieronymus Bosch: Der Aufstieg in das himmlische Paradies. Eine der vier so genannten Jenseitstafeln, um 1500

ten wird die Reformation über Widerspruch und Aufbruch hinaus zum klaren Programm. Jetzt geht es nicht mehr um die Abstellung einiger Missstände, sondern um eine grundlegende Revision.

Luther bleibt nicht allein, Gefolgsleute scharen sich um ihn. An der wegen ihres weißen Bausteins «Leucorea» genannten Wittenberger Universität sind dies sein ehemaliger Doktorvater, der Theologie- und Philosophieprofessor Andreas Bodenstein, nach seinem mainfränkischen Geburtsort unter dem Namen «Karlstadt» bekannt, und der junge Griechischprofessor Philipp Melanchthon, mit dem ihn bald eine enge Freundschaft verbindet; in der Stadt Wittenberg der kurfürstliche Hofmaler Lucas Cranach der Ältere, in Nürnberg der Maler Albrecht Dürer und der Schuhmacher, Poet und Meistersinger Hans Sachs, der Luther in einem Gedicht bald als «die Wittenbergisch Nachtigall» preist. Allerorten stehen auch Frauen auf, erobern die Kanzel, nehmen in Predigten und Schriften Stellung gegen den dekadenten Klerus und die ausbeuterische Geldwirtschaft: Ursula von Münsterberg, Argula von Grumbach und Katharina Zell aus Straßburg. Doch sind dies nur einige prominente Namen; schwerer noch wiegt, dass Luthers Gedanken in ganz Deutschland Begeisterung auslösen. Aus dem Aufbruch ist eine Massenbewegung geworden, angefacht durch Luthers Werke – und durch Flugschriften, Bilder, Holzschnitte und Medaillen, die Protest und Porträt des Rebellen durchs Reich tragen. Dieser Protest hat eine eindeutig soziale Note: Nach Luther selbst ist die *wichtigste* seiner *Thesen* die Behauptung, *daß der, der dem Armen gibt [...], besser tut, als wenn er Ablaß löst* (These 43).

Von der Freiheit eines Christenmenschen

Ein Christenmensch ist ein freier Herr über alle Dinge und niemand untertan.
Ein Christenmensch ist ein dienstbarer Knecht aller Dinge und jedermann untertan.

Martin Luther:
Freiheitsschrift, 1520

Die kirchliche Hierarchie bleibt unterdessen nicht untätig. 1518 muss sich der Aufsässige im Frühjahr auf dem Augustinerkonvent in Heidelberg mit einer Thesenreihe verantworten, im Herbst wird er durch den päpstlichen Legaten, Kardinal Jakob de Vio Cajetan, in Augsburg, in den Räumen der Fugger, verhört. Im Sommer 1519 folgt in Leipzig eine öffentliche Disputation zwischen Luther und dem Ingolstädter Theologen Johannes Maier, genannt Eck. Der in Rom gegen ihn angestrengte Ketzerprozess endet mit einer Bannandrohungsbulle,

Martin Luther. Kupferstich von Lucas Cranach d. Ä., 1520

die Luther Ende 1520 demonstrativ öffentlich verbrennt, und der endgültigen Bannbulle vom 3. Januar 1521. Kurfürst Friedrich aber verweigert sowohl Luthers Auslieferung an Rom als auch seine Ausweisung aus Sachsen; über seinen Hofprediger und Geheimsekretär Georg Spalatin steht er mit dem Rebell in engster Verbindung. Da trifft im Frühjahr 1521 die Einladung zum Reichstag nach Worms ein, vom Kaiser mit eigener Hand unterschrieben, wie Luther nicht ohne Stolz vermerkt. Hart in der Sache, im Ton versöhnlich: «Ehrsamer, Lieber, Andächtiger!

Nachdem wir und des Heiligen Reiches Stände jetzt hier versammelt [… sind], haben wir dir herzukommen und dann wieder in deinen sicheren Gewahrsam unser und des Reiches freies […] Geleit gegeben […].» (DRII, 526)

Dann kommt sie wieder, die Angst, auf dem Weg zu den kirchlichen und staatlichen Verhören. *Auf der Reise* nach Augsburg zum Verhör durch Cajetan *war mein Gefühl: Nun muß ich sterben. Und ich stellte mir den gerüsteten Scheiterhaufen vor Augen und sagte oft: Ach, was für eine Schande werde ich meinen lieben Eltern sein!* (LWE3, 43) Und dann wieder Mut, der die Kraft gibt, vor dem Auftritt auf dem Reichstag trotzig zu sprechen: *Wenn so viele Teufel zu Worms wären als Ziegel auf den Dächern, so wollte ich dennoch hinein* (LWE3, 49). Und nach dem Kampf zwischen Mut und Verzweiflung die Befreiung, der erlösende Schrei: *Ich bin hindurch, ich bin hindurch!*

Zwei Tage, am 17. und 18. April, steht der Mönch vor dem Kaiser, dann verweigert er in einer endgültigen Antwort *ohne Hörner oder Zähne* den Widerruf: *Es sei denn, daß ich mit Zeugnissen der heiligen Schrift oder mit öffentlichen, klaren und hellen Gründen und Ursachen überwunden und überwiesen werde […], so kann und will ich nichts widerrufen, weil es weder sicher noch geraten ist, etwas wider das Gewissen zu tun.* (LW3, 14f.)

Jetzt, nach der großen Weigerung, droht neben dem kirchlichen Bann die kaiserliche Acht. Mit dem Wormser Edikt wird Luther vogelfrei. Und nicht nur er, sondern die ganze Bewegung: «Aber gegen seine Verbündeten, Anhänger, Verberger, Vorschubleister, Gönner und Nachfolger sowie deren bewegliche und unbewegliche Güter sollt Ihr kraft […] unser und des Reiches Acht und Aberacht in dieser Weise

Aus dem «Wormser Edikt»
Und weiter gebieten wir euch allen und jedem einzelnen […] daß Ihr […] den vorgenannten Martin Luther nicht in Euer Haus aufnehmt, nicht bei Hofe empfangt, ihm weder zu essen noch zu trinken gebt, ihn nicht versteckt, ihm nicht mit Worten oder Werken heimlich noch öffentlich irgendeine Hilfe, Anhängerschaft, Beistand oder Vorschub erweiset, sondern wo ihr ihm beikommen, ihn ergreifen und seiner mächtig werden könnt, ihn gefangen nehmt und uns wohlbewahrt zusendet […].

Veröffentlicht am 26. Mai 1521; nach den «Deutschen Reichstagsakten» handeln: nämlich sie niederwerfen und fangen und ihre Güter in Eure Hände nehmen und sie zu Eurem eigenen Nutzen verwenden und behalten ohne irgendeine Behinderung […].» (DRII, 655)

Es wird gefährlich, Luthers Anhänger zu sein. Tatsächlich stehen gut zwei Jahre später, am 1. Juli 1523, auf dem Marktplatz in Brüssel, im Herrschaftsbereich des Kaisers, zwei junge, lutherisch gesinnte Augustinermönche auf dem Scheiterhaufen, die ersten Märtyrer des neuen Glaubens.

Rebellisch ist nicht nur das Fleisch, sondern der Gedanke, das Wort. Die neue Bewegung zieht ihre Kraft aus der Schrift, das erkennt Karl V. genau. Und so fährt das Wormser Edikt fort: «Ferner gebieten wir euch allen […], daß keiner von euch des obengenannten Martin Luthers Schriften […] kaufe, verkaufe, lese, behalte, abschreibe, drucke oder abschreiben oder drucken lasse, noch sich seiner Meinung anschließe […].» (DRII, 655) Auch hier zeigt der Kaiser Konsequenz, erhebt bald die Zensur zum Reichsgesetz, installiert eine «Bücherpolizei», die alle Veröffentlichungen überprüft. Das Wort gerät unter Druck.

Gefährlich wird es für den Rebellen selbst. Drei Wochen hat er Zeit, sich in Sicherheit zu bringen. Er reist ab, hat auf dem Heimweg noch den Nerv und die Muße, Verwandte zu besuchen … Da, Anfang Mai, wird seine Reisegruppe von Bewaffneten überfallen, der Reformator ist von der Bildfläche verschwunden, wie vom Erdboden verschluckt. Schnell verbreitet sich die Kunde im Reich. Sind jetzt alle Hoffnungen auf Reform dahin? Albrecht Dürer schreibt in sein Tagebuch: «O Gott, ist Luther tot, wer wird uns hinfürt das heilig Evangelium so klar fürtragen! Ach Gott, was hätt er uns noch in 10 oder 20 Jahrn schreiben mögen! O ihr alle fromme Christenmenschen, helft mir fleißig beweinen diesen gottgeistigen Menschen und ihn bitten, daß er uns ein andern erleuch[te]ten Mann send.» (DG, 186)

«Mit dem Hammer» Thomas Müntzer

Schwärmer

Ich, Thomas Müntzer, gebürtig aus Stolberg und mit Wohnsitz in Prag, in der Stadt des teuren und heiligen Kämpfers Johann Hus, gedenke, die lautbaren und beweglichen Trompeten zu erfüllen mit dem neuen Lobgesang des Heiligen Geistes. [...]

Was soll ich viel sagen? Es sind die Herren, die nur fressen und saufen und schmausen, Tag und Nacht suchen und danach trachten, wie sie sich ernähren und viel Pfründe kriegen. [...]

Aber am gemeinen Volk zweifle ich nicht. Ach, du rechtes, armes, erbärmliches Häuflein, wie durstig bist du nach dem Wort Gottes! [...]

Die Zeit der Ernte ist da! Darum hat mich Gott selber zu seiner Ernte gemietet. Ich habe meine Sichel scharf gemacht, denn meine Gedanken sind heftig auf die Wahrheit, und meine Lippen, Haut, Hände, Haar, Seele, Leib, Leben vermaledeien die Ungläubigen. [...] Ich will sie vor euren Augen in dem Geist des Elias zu Schanden machen, denn in eurem Lande wird die neue apostolische Kirche angehen, danach überall. (MS, 13, 18, 17, 22)

Das *Prager Manifest*, eine die *Sache der Böhmen betreffende Protestation* vom November 1521, ist ein Trompetenstoß, ein Fanal, wie vier Jahre zuvor Luthers Thesen. Die Botschaft: Eine neue Reformation, der ersten, hussitischen, gleich, muss kommen, denn die zweite, die lutherische, führt in die Irre zu einem *äußerlichen, buchstabischen, toten* Glauben, nicht zum lebendigen, inwendigen. Die inneren Verhältnisse müssen durch Gottes unmittelbare Offenbarung im Herzen der Menschen reformiert werden, die äußeren durch den Glauben an das gemeine, einfache Volk. Dies sagt ein Mann mit Sendungsbewusstsein, ein neuer Elias, der Prophet der Endzeit, des anstehenden Gottesgerichts und der Errichtung der apostolischen, himmlischen Kirche auf Erden.

Thomas Müntzer. Kolorierter Kupferstich von Kristoffel van Sichem I aus einer 1608 in Amsterdam erschienenen Chronik der Ketzer

Wir wissen kaum, wie er aussah; alle Bildnisse stammen aus späteren Zeiten. Auf einem Holzschnitt, dessen Vorlage zu seinen Lebzeiten entstanden sein könnte, sieht er uns aus großen, traurigen Augen ernst, beinahe ein wenig griesgrämig an, mit langen, tiefen Falten und knochigen Wangen, mit der Bauernkappe und dem gefütterten Mantel. Keine Begeisterung geht von diesem Gesicht aus, kein Funke springt über. War sein Aussehen seinem Wesen so ungleich?

Wenig, beinahe nichts ist uns bekannt aus seiner Kindheit und Jugend. Und auch in seinem unsteten Leben als Erwachsener entzieht er sich wieder und wieder unserem Blick. Nicht einmal sein Geburtsjahr, aller Wahrscheinlichkeit nach 1489 oder 1490, ist mit Sicherheit bekannt, geschweige denn der exakte Geburtstag, vielleicht der 12. Dezember.

Thomas Müntzer, der Revolutionär unter den Reformatoren, ist geboren in Stolberg, einem Städtchen am Rand des Harzes. Er stammt aus geordneten, wohlhabenden Verhältnissen: Sein Vater, ein Münzmeister, worauf schon der Name hinweist, gehört zu den ehrbaren Bürgern des Orts. Doch schon dem Kind sind die Probleme der Zeit nicht fremd: Es gewinnt einen Metzger zum Freund, der bald wegen aufrührerischer Umtriebe aus der Grafschaft Stolberg verbannt wird. Ein Kind schließlich, das eindrückliche Erfahrungen macht und religiöse Schlüsselerlebnisse kennt: *Und diese Verwunderung, ob es Gottes Wort sei oder nicht, hebt sich an, wenn einer ein Kind von sechs oder sieben Jahren ist […].* (MS, 73)

1506 immatrikuliert sich Thomas Müntzer an der Universität Leipzig, studiert Theologie, ab 1512 in Frankfurt an der Oder, ehrgeizig, erfolgreich: *Ich sage auf mein allerhöchstes Pfand, daß ich meinen merklichsten und allerhöchsten Fleiß darauf verwandt habe, daß ich deutlicher als andere Menschen erkennen möchte, wie der heilige, unüberwindliche Christenglaube gegründet wäre.* (MS, 13)

Nach dem Magisterexamen 1515 oder 1516 wird er Prediger, erhält die Weihen zum Priester. Zwischen 1517 und 1519 schließt er Bekanntschaft, ja Freundschaft mit Karlstadt, Melanchthon und Luther, in dessen Auftrag er bald in Jüterbog als Reformator tätig wird. Im Rückblick schreibt er an Melanchthon: *Sei gegrüßt, Du Werkzeug Christi! Eure Theologie umfasse ich mit ganzem Herzen, denn sie hat viele Seelen […] befreit.* (MS, 169)

Dabei scheint Müntzer ganz ähnliche religiöse Erfahrungen von Verzweiflung und Errettung gemacht zu haben wie Luther: *Verzweifeln und alle hohen Gegenteile muß man erlitten haben. Es muß die Hölle erst erlitten werden […].* Der Mensch muss so *armgeistig* werden, *daß er gar keinen Glauben bei sich findet als al-*

lein den, daß er gerne recht glauben wollte. […] Da wird der Mensch allein von Gott – ganz und gar von ihm – und von keiner Kreatur gelehrt. (MS, 34 f.)

Doch sein Weg führt ihn weiter. Zwischen Mai 1520 und April 1521 wirkt er als Prediger in Zwickau, dem kursächsischen Wirtschaftszentrum mit frühkapitalistischen Produktionsformen in Wollindustrie und Silberbergbau, mit wohlhabenden Bürgern auf der einen und abhängigen Tuchwebern und Bergknappen auf der anderen Seite. Hier gerät er in religiöse und soziale Gärungen, schließt sich den verarmten Handwerkern an, welche soziale Verbesserungen fordern, und der chiliastischen Sekte um den Tuchmacher Nikolaus Storch, der an die göttlichen Offenbarungen in den Sehern der Gegenwart glaubt. Müntzer, jetzt ein Radikaler, wird vom Rat der Stadt entlassen, ein Aufstand der ihn unterstützenden Tuchmachergesellen niedergeschlagen. Er flieht aus der Stadt, am selben Tag, an dem Luther in Worms einzieht. Jetzt, am 16. April 1521, beginnt die Zeit als Verfolgter, ein Leben im Leiden. Nach Luthers Verschwinden aber ist Müntzer überzeugt, jetzt sei seine Stunde gekommen. Er zieht nach Böhmen, ruft im November in Prag mit seinem Manifest zur neuen, endzeitlichen Reformation. Doch wird er erneut vertrieben, zu einem Leben auf Wanderschaft, im Untergrund gezwungen. Sein Ruf aber verhallt nicht ungehört.

Wittenberg ohne Doktor Martin, die Reformation ist ohne den führenden Kopf. Jetzt ergreift Andreas Karlstadt, beeinflusst vom herbeieilenden Nikolaus Storch, die Initiative, verteilt am Christfest 1521 ohne Priestergewand Brot und Wein an die Gläubigen, lässt Anfang 1522 die Bilder aus den Kirchen entfernen. Von «Bildersturm» und «Tumulten» ist die Rede, die das Eingreifen des Kurfürsten erforderlich machten. Nun, eine Revolution waren diese so genannten Wittenberger Unruhen nicht, doch sicher eine Radikalisierung.

Am 1. März 1522 aber steigt der verschwundene, tot geglaubte Doktor Martin auf die Kanzel der Wittenberger Pfarrkirche (Stadtkirche) und mahnt in seinen *Invokavitpredigten* zur Mäßigung, ruft zu Ruhe und Ordnung, wie er dreieinhalb Jahre zuvor das Signal zum Aufbruch gab: *Ich bin dem Ablaß und allen Papisten entgegen gewesen, aber mit keiner Gewalt, ich hab allein Gottes Wort getrieben, gepredigt und geschrieben, sonst hab ich nichts getan. Das hat, wenn ich geschlafen hab, wenn ich wittenbergisch Bier mit meinem Philippo [Melanchthon] […] getrunken hab, also viel getan, daß das Papsttum also schwach worden ist […]. Wenn ich hätt wollen mit Ungemach fahren, ich wollt das deutsche Land in ein groß Blutvergießen gebracht haben, ja ich wollt wohl zu Worms ein Spiel angericht haben, daß der Kaiser nicht sicher wär gewesen. Aber was wäre es? […] Was meint ihr wohl, was der Teufel gedenkt, wenn man das Ding will mit Rumor ausrichten? Er sitzt hinter der Höllen und gedenkt: O, wie sollen nun die armen Narren so ein feins Spiel machen!* (LW 4, 39 f.)

Martin Luther ist kein radikaler Neuerer, nur ein strenger und konsequenter Theologe, kein Mann der Tat, einer des Worts. Und ebendiesem Wort hat er sich gründlich gewidmet in der neun Monate dauernden Zeit seines Lebens im Untergrund, in fürstlicher «Schutzhaft» auf Deutschlands berühmtester Burg, der Wartburg bei Eisenach. Hier lebte er, verkleidet als «Junker Jörg», mit langen Haaren und Bart, tagsüber geplagt von *furchtbar hartem Stuhlgang*, des Nachts von Erscheinungen: *[…] da schoß es einmal zu mir aus der Hölle mit Nüssen, das war auch des Teufels Werk […].* (LWE 3, 52) Er aber *vertrieb den Teufel mit Tinte*, verfasste zahlreiche Schriften und übersetzte in den letzten Wochen das Neue Testament aus dem Griechischen ins Deutsche. Als «Septembertestament» erschien das Werk im Herbst 1522 und avancierte umgehend zum Bestseller: Die erste Auflage von 3000 Exemplaren war innerhalb weniger Wochen vergriffen; während der folgenden fünfzehn Jahre wurden 200 000 Exemplare verkauft, zu eineinhalb Gulden das Stück.

Jetzt aber, im Frühjahr, hält Luther nach einer achttägigen Predigtreihe, also innerhalb einer Woche, die Zügel wieder fest in der Hand, macht alle Reformen rückgängig, verdrängt die Zwickauer und den Mitstreiter Karlstadt aus Wittenberg. Der legt seinen Doktortitel ab, zieht einen Bauernkittel an, lässt sich «Bruder» oder «Nachbar Andres» (Jedermann) nennen,

Die Wartburg

irrt nach kurzer Pfarrtätigkeit in Orlamünde zehn Jahre als Verbannter und Verfolgter umher, erhält dann eine Stelle als Prediger und Professor in Basel und stirbt dort am Weihnachtsabend 1541, ein gebrochener Mann, an der Pest.

Luther aber rechnet 1525 in der Schrift *Wider die himmlischen Propheten, von den Bildern und Sakrament* mit seinem Gegner ab: *Walts Gott und unser lieber Herr Jesus Christus. Da geht ein neu Wetter her. […] Doktor Andreas Karlstadt ist von uns abgefallen, dazu unser ärgster Feind worden.* (LW4, 71) Zeitlebens behielt Luther ein tiefes Misstrauen gegen alle radikalen Neuerer, gegen den «linken Flügel der Reformation», wie wir heute sagen, gegen *himmlische Propheten, Rottengeister* und *Aufrührer*, die er als *Schwärmer* in einen Topf wirft. Er bekämpfte sie mit der gleichen Radikalität wie die *Papisten*, sah sich fortan in einem Zweifrontenkrieg, gegen Teufel, Hölle, Gesetz auf beiden Seiten: Während der Papst das *Gebot* propagiere, predige *der Karlstadt* das *Verbot* und sei dadurch noch *viel toller geworden, denn die Papisten je gewesen sind* (LW 4, 246). Dem hält er sein eigenes Motto entgegen: *Das Wort sollen wir predigen, aber die Folge soll Gott allein in seinem Gefallen sein.* (LW 4, 38)

Derweil zieht Müntzer umher, eineinhalb Jahre, in Thüringen, Sachsen, Süddeutschland, um die neue, wahre Reformation voranzutreiben. Erst im April 1523 findet er wieder eine Anstellung, als Pfarrer in Allstedt. Er heiratet die aus dem Kloster ausgetretene Nonne Ottilie von Gersen, gründet mit ihr einen Hausstand, zu dem sich ein Schreibgehilfe, ein alter, mit seherischen Gaben begnadeter Bauer und – ein Jahr später – ein Sohn gesellen. Müntzer wird kirchlich aktiv: Als erster Reformator hält er an Ostern 1523 einen Gottesdienst vollständig auf Deutsch, verfasst im folgenden Jahr das *Deutsche Kirchenamt* und die *Deutsche Evangelische Messe* und zieht mit seinen Predigten Tausende an. Mit Priesterehe und Laienkelch verwirklicht er alte Forderungen der «Vor-Reformatoren». Und er wird politisch aktiv: Mit Bauern und Bergknappen gründet er einen Geheimbund zum endzeitlichen Kampf. Damit gewinnt er endgültig eigene Konturen und historisches Format; fortan zeigt er sich als «klassenbewusster, revolutionärer, chiliastischer Kommunist» (Ernst Bloch).

Im Sommer 1524 entwirft Müntzer in der Schlosskapelle in Allstedt vor den beiden künftigen Regenten Kursachsens mit der *Fürstenpredigt* seine gewaltige, gewalttätige Vision einer radikalen, endgültigen Reformation, der Errichtung der Gottesherrschaft auf Erden: *Also ist auch das Schwert nötig, die Gottlosen zu vertilgen (Röm. 13). Damit das nun aber redlicherweise und füglich geschehe, sollen das unsere teuren Väter, die Fürsten, tun […]. Wenn sie aber das Widerspiel treiben, soll man sie ohne alle Gnade erwürgen […]. Man muß das Unkraut ausraufen aus dem Weingarten Gottes in der Zeit der Ernte […].* (MS, 84 f.)

Mit dieser Aufforderung und Drohung entlässt Müntzer die beiden Mächtigen. Luther hetzt in einem *Brief an die Fürsten zu Sachsen* gegen den *aufrührerischen Geist*, denunziert ihn als *Furie von Allstedt.* Müntzer, zum Verhör geladen und vorläufig wieder entlassen, flieht im August 1524 aus Allstedt, knapp eineinhalb Jahre nach seiner Ankunft. Im selben Monat erhält er eine Anstellung als Prediger in der freien Reichsstadt Mühlhausen. Dort gründet er mit dem *Ewigen Bund Gottes* wiederum eine konspirative Gruppe, wird Ende September vertrieben, zieht erneut umher und schürt am Oberrhein die revolutionäre Reformation. Seine Schriften zeichnet er fortan: *Thomas Müntzer, mit dem Hammer.*

Luther über Müntzer
Ist sonderlich einer, der Erzteufel Thomas Müntzer, so in Schafskleidern dahergeht, ist aber inwendig ein reißender Wolf und will nur Mord und Aufruhr und Blutvergießen anrichten.

Müntzer über Luther
Hört Bruder Mastschwein, hört Gevatter Leisetritt! Hört den Stocknarr, Basilisk, Erzheiden – den tückischen Kolkraben, Schelm, das giftige Würmlein mit seiner beschissenen Demut! Hast du das Recht um deiner Suppen willen verkauft?

Ende des Jahres dann rechnet er, der Verfolgte, in der *Hochverursachten Schutzrede wider das geistlose, sanftlebende Fleisch zu Wittenberg* gnadenlos mit seinem Widersacher Luther ab, bezeichnet ihn als *Doktor Lügner, Vater Leisetritt, neuen Papst,* entlarvt ihn als Fürstenknecht, der die Reformation an die Obrigkeit verriet und sich selbst ein Heldendenkmal setzt: *Ich meine, du seiest mit ein Fürst?* (MS, 135) Dem hohen deutschen Adel habe Luther *das Maul mit Honig bestrichen,* indem er ihm Klöster und Stifte als Besitz versprach. *Wenn du zu Worms gewankt hättest, wärest du vom Adel eher erstochen als losgegeben worden. Das weiß doch ein jeder. Du brauchst dir wahrlich nichts zuzuschreiben. […] Du ließest dich auf deinen Rat gefangennehmen und stelltest dich gar unwillig. Wer sich auf deine Schalkheit nicht verstünde, der schwöre wohl zu den Heiligen, du wärest ein frommer Martin. Schlaf sanft, liebes Fleisch! Ich röche dich lieber gebraten in deinem Trotz durch Gottes Grimm im Hafen oder Topf beim Feuer (Jer 1): denn in deinem eigenen Söttlein gekocht sollte dich der Teufel fressen (Hes 23)! Du bist ein Eselsfleisch, du würdest langsam gar werden und deinen Milchmäulern ein zähes Gericht werden.* (MS, 139 f.) Luther steht auf der Seite der Fürsten, Müntzer auf der der Unterdrückten: *Das Volk wird frei werden, und Gott wird allein der Herr darüber sein.* (MS, 141)

«Der erste Artikel: Zum ersten ist unsere demütige Bitte und Begehr, auch unser aller Wille und Meinung, daß wir nun fürderhin Gewalt und Macht haben wollen, daß eine ganze Gemeinde soll einen Pfarrer selbst erwählen und kiesen, auch Gewalt haben, denselbigen wieder zu entsetzen, wenn er sich ungebührlich halte. [...]

Der dritte Artikel: Zum dritten ist es bisher Brauch gewesen, daß man uns für Eigenleute gehalten hat, welches zu erbarmen ist, angesichts dessen, daß uns Christus alle mit seinem kostbaren Blut erlöst und erkauft hat, den Hirten sowohl wie den Höchsten und keinen ausgenommen. Darum ergibt sich aus der Schrift, daß wir frei sind und frei sein wollen. [...]

Der sechste Artikel: Zum sechsten ist unsere harte Beschwerung der Dienste halben, welche von Tag zu Tag gemehrt werden und täglich zunehmen. Wir begehren, daß man ein ziemliches Einsehen damit habe und uns nicht dermaßen so hart beschwere, sondern uns gnädig hierin ansehe, wie unsere Eltern gedient haben allein nach Laut des Wortes Gottes. [...]» (RS, 185 f.)

Neue Thesen machen Furore im Deutschen Reich, im Februar 1525, diesmal aus der Feder eines einfachen Handwerkers, des Kürschnergesellen Sebastian Lotzer aus Memmingen, unter Mithilfe des dortigen Predigers Christoph Schappeler. Die «Zwölf Artikel der Bauernschaft in Schwaben» fordern das Laienrecht auf Wahl des Ortspfarrers, die Befreiung von Leibeigenschaft, die Reduzierung der Abgabenlasten und die Wiedereinsetzung der alten Rechte auf freie Nutzung von Wald und Feld. Vieles klingt gut evangelisch, klingt nach Luther, der zwei Jahre zuvor aus der Schrift herleitete, *daß eine christliche Versammlung oder Gemeinde Recht und Macht habe, alle Lehre zu beurteilen und Lehrer [Ortspfarrer] zu berufen, ein- und abzusetzen* (LD6, 47). Im letzten Artikel wird dann die Bereitschaft erklärt, von denjenigen Artikeln «abzustehen», die als «dem Wort Gottes nicht gemäß» nachgewiesen werden – ganz wie damals bei Luther in Worms. Seine Freiheitsschrift *Ein Christ ist ein freier*

Die Schlacht von Gaisbeuren (1525) im Bauernkrieg.
Detail einer Wappenscheibe von 1528 im Rathaus Überlingen

Mensch ... wird weiterentwickelt in Müntzers Sinn: *Das Volk wird frei werden* ... Die «Basis» macht die Reformation zu ihrer Sache.

Nach den Unruhen der beiden vergangenen Jahrhunderte, die sich am Vorabend der Reformation häufen, bricht im Sommer 1524 der Aufstand aus, im äußersten Süden Deutschlands, in der Grafschaft Stühlingen am Oberrhein. Er weitet sich dann aus, in Oberschwaben, im Allgäu und darüber hinaus. Die «Zwölf Artikel der Bauernschaft in Schwaben» verbreiten sich wie ein Lauffeuer in Deutschland. Luther reagiert mit der *Ermahnung zum Frieden auf die zwölf Artikel*, zeigt darin einerseits Verständnis für manche Beschwerden, warnt andererseits vor Aufruhr, weist jede soziale Konsequenz aus dem Evangelium weit von sich: *Es soll kein Leibeigener sein, weil uns Christus hat alle befreiet. Was ist das? Das heißt christliche Freiheit ganz fleischlich machen.* (LW4, 140)

Martin Luthers Ruf verhallt ungehört. Der Aufstand radikalisiert sich vereinzelt: Anfang April 1525 lässt eine Bauernschar bei Weinsberg einen württembergischen Landvogt samt einem guten Dutzend adliger Begleiter Spießrutenlaufen. Der Schwäbische Bund aber schreitet unter Georg Truchseß von Waldburg, genannt «Bauernjörg», zur blutigen Unterwerfung der oberdeutschen Bauern, die in den Vertrag von Weingarten einwilligen, der einer Kapitulation gleichkommt.

Doch der Brand ist entfacht, glimmt an anderen Orten weiter, etwa im Elsaß, in der Pfalz und in Franken. Für das thüringische und sächsische Gebiet entsteht ein neues Zentrum in Mühlhausen unter Führung Thomas Müntzers, der nach seinen Reisen in die oberrheinischen Aufstandsgebiete in die freie Reichsstadt zurückkehrt und die Freunde aus seiner alten Wirkungsstätte Allstedt zum gemeinsamen endzeitlichen Kampf ruft: Darum […] *fanget an und streitet den Streit des Herrn! Es ist hohe Zeit […]. Das ganze deutsche, französische und welsche [italienische] Land ist wach, der Meister will das Spiel machen, die Bösewichter müssen dran. […] Nun dran, dran, dran, es ist Zeit […]. Dran, dran, solang das Feuer heiß ist. Lasset euer Schwert nicht kalt werden, laßt es nicht erlahmen! […] Dran, dran, solang ihr Tag habt! […] Gott ist mit euch […]. Thomas Müntzer, ein Knecht wider die Gottlosen.* (MS, 213–215)

Jeder Tagwerker erhält morgens eine Suppe samt Brot, mittags eine starke Suppe samt Fleisch und Gemüse und einen halben Krug gemeinen Weins, abends Fleisch und Brot oder eine starke Suppe mit Brot.

Aus der Speiseordnung des Mainzer Kurfürsten Berthold von Henneberg für die Tagelöhner auf seinen Gütern im Rheingau, 1497

Es ist eine gar kostspielige und schlechte Zeit geworden seit vielen Jahren. Und ist die Nahrung der besten Bauern fast viel schlechter als von ehedem die der Knechte und Taglöhner waren […].

Aus einem Bericht des Schwaben Heinrich Müller, 1550

Auf der Gegenseite ruft Luther Anfang Mai die Fürsten zum Kampf *Wider die räuberischen und mörderischen Rotten der Bauern*: *Drum soll hie zuschmeißen, würgen und stechen, heimlich oder öffentlich, wer da kann, und gedenken, daß nichts Giftigeres, Schädlicheres, Teuflischeres sein kann, denn ein aufrührerischer Mensch. Gleich als wenn man einen tollen Hund totschlagen muß […]. Solch wunderliche Zeiten sind jetzt, daß ein Fürst den Himmel mit Blutvergießen verdienen kann, besser denn andere mit Beten.* (LW4, 149, 152)

Beide Seiten drängen zur Entscheidung. Müntzer zieht mit einem Heer den Allstedtern entgegen. Bei Frankenhausen sehen sie sich in ihrer Wagenburg vom Heer des sächsischen Kurfürsten und des Landgrafen Philipp von Hessen umzingelt.

Frühbürgerliche Revolution in Deutschland.
Gemälde von Werner Tübke, 1983/87, Bauernkriegspanorama in Bad Frankenhausen. Ausschnitt mit Thomas Müntzer in der Schlacht von Frankenhausen

Müntzer hält eine flammende Predigt, am Himmel zeigt sich ein Regenbogen, das göttliche Zeichen des Sieges, dann beginnt die Schlacht, nein, das Gemetzel: 6000 fliehende Bauern finden den Tod, auf der anderen Seite nicht einmal eine Hand voll Landsknechte, so erdrückend ist die militärische Übermacht. Müntzer wird aufgegriffen, verhört, gefoltert, umgebracht, sein Kopf als abschreckendes Mahnmal aufgespießt und ausgestellt.

Das Gemetzel von Frankenhausen am 15. Mai 1525 und die Hinrichtung Müntzers am 27. brechen den Widerstand der Bauern. Etwa 150000 hatten sich erhoben, mehr als 100000 finden den Tod, denn die Rache der Obrigkeit ist grausam. Der Henker des Truchseß von Waldburg rühmt sich, 1200 Köpfe eigenhändig abgeschlagen zu haben.

Auch auf lange Sicht sind die Folgen verheerend: verstärkte Präsenz der Polizei, die in Trupps durchs Land zieht, Spitzel allerorten, wirtschaftlicher Niedergang. Die erste, vielleicht die einzige wirkliche Volksrevolution in Deutschland endet in der Katastrophe.

Das Ansehen Luthers bei der einfachen Bevölkerung aber sinkt schlagartig, sodass er sich im Juli zu einer Verteidigungsschrift, dem *Sendbrief von dem harten Büchlein wider die Bauern* gedrängt fühlt, in der er klarstellt, dass er die Grausamkeit der Obrigkeit an den *besiegten* Bauern nicht gutheißt, von seinen Mordaufrufen gegen die *aufständischen* jedoch kein Jota zurücknimmt. Und in seinem vernichtenden Urteil über Müntzer später noch eins draufsetzt: *Wohlan, wer den Münzer gesehen hat, der mag sagen, er habe den Teufel leibhaftig gesehen in seinem höchsten Grimm.* (WBr3, 516)

Im Ton verbindlicher als der Hitzkopf Luther, in der Sache aber ebenso kompromisslos urteilt Melanchthon, der Gelehrte, in seiner Schrift *Eine lesenswerte Erzählung über Thomas Müntzer, der den Thüringer Aufstand angefangen hat*: *Aufs Ganze gesehen hat Thomas demnach zwei Irrtümer gelehrt. Der erste Irrtum betrifft die geistlichen Dinge: man soll Zeichen fordern von Gott und sich nicht mit der Heiligen Schrift begnügen. […] Der zweite Irrtum betrifft die weltliche Regierung. Ihr soll man nicht Gehorsam sein, obgleich das die Heilige Schrift nachdrücklich gebietet.* (MDI, 293) Und macht mit erhobenem Zeigefinger aus dem Leben des Revolutionärs ein politisch-pädagogisches Lehrstück: *Dieses Ende Thomas Müntzers ist zu bedenken, damit jeder daraus lerne […], wie hart Gott Ungehorsam und Aufruhr gegen die Obrigkeit straft […].* (MDI, 305).

Luthers Sieg

Das erste Jahr der Ehe macht einem (Ehemann) seltsame Gedanken. Sitzt er am Tisch, so denkt er: Früher warst du allein, jetzt selbander; beim Erwachen im Bett sieht er ein paar Zöpfe neben sich liegen, die er früher nicht sah. (LWE3, 55)

Ein Rebell wird zum Teufel, der andere zum Bürger: 1525 versöhnt sich Martin Luther mit dem Vater, heiratet im Juni, einen guten Monat nach der Schlächterei von Frankenhausen, Katharina von Bora, gründet mit ihr einen großzügigen Hausstand im geräumigen Augustinerkloster, in dem er ehemals Mönch war und das er vom Kurfürsten nun zur Nutzung und dann zum Eigentum erhält. Das Paar bekommt sechs Kinder, Luther hängt besonders an Johannes, dem ältesten: *Meinem herzlieben Sohn Hänschen Luther zu Wittenberg. […] Wenn ich heimkomme, so will ich Dir ein schönes Geschenk mitbringen.* (LD10, 205) Ein guter Vater will er sein, ein besserer als der eigene: *Ich möchte mein Hänschen auch nicht gern so sehr schlagen, sonst würde er mir blöde und feind; ein größeres Leid wüßte ich nicht.* (LWE3, 12) Und ein treuer Ehemann: *Käthe, du hast einen guten Mann, der dich liebhat; du bist eine Kaiserin. Erkenne es und danke Gott dafür!* (LWE3, 57)

Meine Käthe ist der Morgenstern von Wittenberg. Sie steht auf morgens in der Früh um vier Uhr, fuhrwerkt, bestellt das Feld, weidet und kauft Vieh, braut [Bier] undsoweiter […].

Martin Luther über seine Frau Katharina von Bora, eine ehemalige gebildete Nonne, die sein Hauswesen führt, zu dem neben den Kindern Verwandte, Dienstboten, Studenten und Gäste gehören

Frieden nach innen, Frieden nach außen: 1525 sind die Trennungslinien gezogen gegen alle unliebsamen Strömungen der Reformation, nicht nur gegen die revolutionäre, sondern auch gegen die ritterliche und die humanistische.

Martin Luther und seine Frau Katharina von Bora. Bildnisse von Lucas Cranach d. Ä. und seiner Werkstatt, 1526/29

Wie Luthers *Freiheitsschrift* bei den Bauern, schürt seine *Adelsschrift* unter den Rittern, dem niederen Adel, religiös-soziale Hoffnungen mit ihrem Aufruf: *Gott gebe uns allen einen christlichen Verstand und sonderlich dem christlichen Adel deutscher Nation einen rechten geistlichen Mut, der armen Kirche das Beste zu tun.* (LW2, 150) Begeistert schließt sich der Ritterführer Franz von Sickingen schon 1520 der Reformation an, bietet Luther nach der Acht ritterlichen Schutz an, der zieht jedoch das fürstliche Quartier auf der Wartburg vor. Auf seiner Ebernburg lässt Sickingen bereits 1521 die tägliche Messe abschaffen und durch einen sonntäglichen, evangelischen Gottesdienst ersetzen. Im Jahr darauf führt er die Ritter in der *brüderlichen Vereinigung* zusammen. Er greift den Erzbischof von Trier an, um die Reformation durch eine konsequente Säkularisierung voranzutreiben und dadurch «dem Evangelium eine Öffnung zu machen». Der Gegenschlag der Fürsten gerät zum Desaster für die Ritter: Eine Allianz des Erzbischofs führt 1523 zur Niederlage Sickingens, der in seiner Burg nach schwerer Verletzung stirbt. Ein

Heer des Schwäbischen Bundes aber unternimmt einen Rachefeldzug gegen die schwäbischen und fränkischen Ritter, zerstört zahllose Burgen, besiegelt den Untergang des Rittertums und damit des niederen Adels, als politisch bedeutsamer Größe.

Luther hält zu Sickingens reformatorischer Bewegung stets Distanz, denn er lehnt Gewalt von unten nach oben, also des niederen gegen den hohen Adel, strikt ab, argumentiert juristisch, theologisch, volkstümlich und mit Häme: *Hie stehet das Recht und spricht, daß niemand solle wider seinen Oberherrn fechten noch streiten, denn der Obrigkeit ist man Gehorsam, Ehre und Furcht schuldig, Röm. 13,1. Denn wer über sich hauet, dem fallen die Spän in die Augen [...].* (LW 5, 180)

Die letzte Front ist eine geistes- und bildungsgeschichtliche: die gegen den Humanismus. Die führenden Humanisten nördlich der Alpen stehen der Reformation nah, Erasmus von Rotterdam, Johannes Reuchlin und Ulrich von Hutten, einer, Philipp Melanchthon, steht gar im Zentrum der Wittenberger Bewegung. Doch Luther in seinem Misstrauen gegen die Philosophie, gegen die *Hure Vernunft*, nimmt Erasmus' Schrift «Über die Willensfreiheit» aus dem Jahr 1524 zum Anlass, 1525 in seinem umfangreichen Werk *Vom unfreien Willen* (*De servo arbitrio*) mit Erasmus abzurechnen und die Trennungslinie zwischen den beiden Strömungen scharf zu markieren: *Es ist daher auch dies für den Christen vor allem andern notwendig und dem Heil dienend, zu wissen, daß Gott [...] alles mit unveränderlichem, ewigen und unfehlbaren Willen vorsieht, sich vornimmt und tut. Durch die-*

sen Blitzschlag wird der freie Wille niedergestreckt und ganz und gar vernichtet […]. (LWE1, 24) Da ist kein Gespräch, kein Kompromiss möglich, wie das Schlusswort zeigt: *Ich aber habe in diesem Buch […] verbindliche theologische Aussagen gemacht und mache verbindliche theologische Aussagen. Das Urteil darüber möchte ich in niemandes Hand gelegt wissen, vielmehr gebe ich allen den Rat, Gehorsam zu üben. Der Herr aber, des diese Sache ist, erleuchte dich […]. Amen.* (LWE1, 249)

Luthers Sieg ist endgültig. Alle konkurrierenden reformatorischen und reformerischen Strömungen werden ausgeschaltet, entweder mit Gewalt, wie die der Bauern und Ritter, oder mit der Feder, wie die der Gelehrten. Übrig bleiben nur zwei Formen: die Reformation eines geschlossenen Territoriums durch den Landesherrn, den Fürsten, oder die einer freien Reichsstadt durch den Rat, das gehobene Bürgertum. In beiden Formen entfaltet sich die Reformation in der Folgezeit stürmisch weiter: In Kursachsen und Hessen gewinnt Luthers Reformation seit Mitte der zwanziger Jahre feste Konturen, andere Landesherren kommen hinzu. 1525 beschließt als erste freie Reichsstadt Nürnberg die Einführung der Reformation, weitere Städte folgen.

Welch ein Umschwung! 1521 gebannt und geächtet, mit dem Tod bedroht, setzt sich Luther 1525 siegreich durch. Doch der Triumph behält einen bitteren Beigeschmack. Aus dem Verfolgten ist ein Verfolger geworden. Die Aufstände der Ritter und Bauern wurden mit tatkräftiger Hilfe der sächsischen und hessischen Parteigänger Luthers niedergeschlagen. Und geschrieben und gehetzt hat der Rebell gegen alle, gegen Bauern, Ritter und Humanisten. Sein Gewissen klagt ihn an, wie damals als Mönch: *Prediger sind die allergrößten Totschläger. Denn sie ermahnen die Obrigkeit, daß sie entschlossen ihres Amtes walte und die Schädlinge bestrafe. Ich habe im Aufruhr alle Bauern erschlagen; all ihr Blut ist auf meinem Hals. Aber ich schiebe es auf unsern Herrn Gott; der hat mir befohlen, solches zu reden.* (LWE3, 54)

«Gott ist wahrhaftig und Licht» Huldrych Zwingli

ZÜRICH

1. *Alle, die sagen, das Evangelium sei nichts wert ohne die Beglaubigung der Kirche, irren und lästern Gott. […]*
2. *Die Hauptsache des Evangeliums ist kurz zusammengefaßt die, daß unser Herr Jesus Christus, wahrer Gottessohn, uns den Willen seines himmlischen Vaters mitgeteilt und uns durch seine Unschuld vom Tod erlöst und mit Gott versöhnt hat. […]*
3. *Deshalb ist Christus der einzige Weg zur Seligkeit für alle, die je waren, sind und sein werden.* (ZSII, 20ff.)

Wieder ein Paukenschlag, neue *Thesen*, 67 Artikel (*Schlußreden*), veröffentlicht in Zürich am 29. Januar 1523, von Huldrych (Ulrich) Zwingli, Priester am Großmünster. Deutlich spürt man: Hier imitiert einer Luther – und doch auch nicht: Die Differenzen sind neben den Parallelen nicht zu übersehen.

Huldrych Zwingli, der Mann mit der Gelehrtenmütze, blickt ernst und klar geradeaus. Kein Draufgänger wie Martin Luther, vielmehr ein besonnener, kühl und klar denkender Kopf, doch konsequent, willensstark und beharrlich.

Wie die Lebenswege einander gleichen: Zwingli ist nahezu so alt wie Luther, wird gut sieben Wochen nach ihm geboren, am 1. Januar 1484 in Wildhaus, Grafschaft Toggenburg, in der Ostschweiz. Nach Privatunterricht, Lateinschule in Basel und Bern und dem Grundstudium in Wien und Basel beginnt auch er, Theologie zu studieren, wird dann Priester, 1506 in Glarus, zehn Jahre später in Einsiedeln, am 1. Januar 1519 in Zürich. Er beherrscht die alten Sprachen, kennt die Bibel und die Kirchenväter, ist ein belesener, sprachgewandter, ein gelehrter Mann. Schwere persönliche Erfahrungen macht er durch, erlebt Gewissensnöte und Kriege, erkrankt an der Pest.

Ihren Ausdruck finden die Ängste in einem Lied, das er selbst vierstimmig vertont: *Hilf, Herr Gott, hilf / in dieser Not! Mir scheint, der Tod / stehe an der Tür.* (ZSI, 7)

Da hat er 1520, nach der Genesung, ein Bekehrungserlebnis. Bei der Beschäftigung mit der Bitte des Vaterunsers «Und vergib uns, wie wir vergeben unsern Schuldigern» erkennt er, dass Gott nicht die guten Werke des Menschen belohnt: *So kam ich zum Schluß, daß Gott mich nicht besser behandeln müsse als ich meinen Feind. Und nach vielen Selbstbezichtigungen meines armen Gewissens zog ich überführt und gefangen ab, so daß ich mich Gott ergeben mußte und dachte: «Herr! Ich darf mir nicht anmaßen, dich zu bitten, mir gemäß meinem Verzeihen auch zu verzeihen. Herr! Ich bin ein gefangener Mann. Vergib, Herr, vergib.»* (ZSII, 265) Friede mit Gott gibt es nur durch seine Gnade, nicht aufgrund menschlichen Tuns. So muss sich der Mensch *ergeben an die luteren Gnad Gottes.* Zwingli kommt wie Luther zum selben reformatorischen Grundgedanken, zur Rechtfertigung des Menschen durch Gottes Gnade, zum Leben aus Glauben allein. Und er setzt diese zwischen 1519 und 1521 gewonnenen inneren Erkenntnisse in den folgenden Jahren nach außen um: Die Reformation in Zürich ist sein Werk.

Bei so viel Gemeinsamkeit wird der Zürcher bald als *lutherisch* bezeichnet. Er setzt sich dagegen zur Wehr, betont seine Eigenständigkeit: *Lange bevor ein Mensch in unserer Gegend Luther nur dem Namen nach kannte, begann ich im Jahre 1516 das Evangelium Christi zu predigen.* (ZSII, 172) Und in der Tat sind die Unterschiede der beiden Reformatoren nicht zu übersehen.

Huldrych Zwingli ist kein Mönch – ein Noviziat im Dominikanerkloster zu Bern bricht er bald ab –, sondern ein Leutpriester, ein weltlicher Priester also. Er schlägt keine Gelehrtenlaufbahn ein, beendet das Theologiestudium an der Universität schon nach kurzer Zeit zugunsten der Praxis als Priester, wo er sich dann planvoll weiterbildet und Karriere macht. Als er sich auf die Großmünsterstelle in Zürich bewirbt, hat er ein uneheliches Kind, gesteht, daraufhin befragt, *mit tiefer Beschämung* den Fehltritt ein, fügt aber hinzu: *Freilich gelobe ich nichts, im Gedenken daran, dass ich von Schwachheit umgeben bin*

Huldrych Zwingli.
Gemälde von Hans Asper, nach 1531

[...]. (CR94, 110ff.) Zum Jahreswechsel 1518/19 erhält er die Stelle trotzdem.

Er ist Humanist, mit Erasmus von Rotterdam verbindet ihn eine langjährige Freundschaft. Und er ist ein politischer Kopf, mit den Verhältnissen seines Landes schon vom Vater, einem Landamman, her vertraut.

Erasmus von Rotterdam. Miniatur von Hans Holbein d. J., um 1532

Die politischen Verhältnisse seines Landes – auch sie unterscheiden sich von denen in Deutschland grundlegend. Die Schweizer Eidgenossenschaft, die sich auf den legendären «Rütli-Schwur» und auf Tells Kampf (um 1300) zurückführt, hatte 1499, am Vorabend der Reformation, im Schwabenkrieg ihre Unabhängigkeit vom Reich und vom Haus Habsburg erkämpft; sie bestand jetzt aus dreizehn Landgemeinden und Städten. Der Zürcher Reformator stand niemals in der Gefahr, vom Kaiser geächtet zu werden.

Anders die Situation nach außen, anders auch die nach innen: Die Eidgenossenschaft bildeten «Landsgemeindedemokratien» und Städte wie Zürich, Bern und Basel, in denen der Große und der Kleine Rat die Geschicke des Gemeinwesens bestimmten. Zwingli gestaltete seine Reformation nicht in Anlehnung an einen feudalen Landesherrn wie Luther, sondern in Abstimmung und mit Hilfe der gewählten Ratsherren der Stadt.

Anders ist schließlich auch der Anlass für die Distanzierung von der Kirche: nicht der Ablass, sondern das Söldnerwesen. Vom Beginn des 15. bis zur Mitte des 16. Jahrhunderts nimmt die Bevölkerung der Schweiz von 600 000 auf 800 000 zu und wächst damit um ein Drittel. Landwirtschaft, Handwerk und Verlagsgewerbe bieten nicht genügend Erwerbsquellen. Den arbeitslosen Männern bleibt als Ausweg nur der Kriegsdienst im Sold ausländischer Großmächte, genannt das «Reislaufen». Staatliche und kirchliche Stellen organisieren die Rekrutierung und kassieren dafür kräftige Provisionen. Die Schweizer gelten als die besten Soldaten, kämpfen zu Beginn des 16. Jahrhunderts in den Auseinandersetzungen zwischen Frankreich und dem Vatikan um Norditalien, vor allem um Mailand, auf beiden Seiten. Zwingli zieht zwischen 1512 und 1515 dreimal als Feldprediger in päpstlichem Auftrag mit Schweizer Söldnern in den Süden, erhält eine päpstliche «Pension» und wird zum Kaplan ernannt. Doch wandelt er sich im Jahr 1515 angesichts der Grausamkeit der Schlacht bei Marignano vom erfolgreichen Feldprediger zum passionierten Pazifisten. 1520 verzichtet er auf die päpstliche Pension, greift dann Kardinal Matthäus Schiner, der in großem Stil Söldner wirbt, öffentlich an. Der Kampf gegen die Kirche beginnt.

Die Reformation in Zürich, ein Prozess von gut drei Jahren, wird, anders als in Wittenberg, zielstrebig geplant, organisiert und durchgesetzt, von Zwingli und vom Rat. Dies geschieht in engster Verbindung von theologischem Wort und struktureller Tat, obwohl nicht ohne Reibungsverluste, mitunter gar tiefgreifende Spannung.

Ein öffentliches demonstratives Wurstessen von Zürcher Bürgern während der Fastenzeit liefert am 9. März 1522 den Auftakt, von Zwingli in der Schrift *Die freie Wahl der Speisen* gut reformatorisch mit der Freiheit eines Christenmenschen legitimiert. *Kurz und einfach gesagt: Willst du gerne fasten, dann tue es! Willst du dabei auf Fleisch verzichten, dann iß auch kein Fleisch! Laß mir dabei aber dem Christen die freie Wahl!* (ZSI, 39) Im Sommer desselben Jahres erlaubt der Rat die evangelische Predigt, im Spätherbst gibt Zwingli sein Amt als Priester auf.

Am 29. Januar 1523 findet vor 600 Teilnehmern eine erste öffentliche Disputation statt, zu der Zwingli seine 67 *Schlußreden, Thesen oder Artikel* vorlegt, ganz anders als bei Luther bereits ein klares Reformationsprogramm, das Zwingli wenige Monate später mit der Schrift *Auslegung und Begründung der*

Ansicht der Stadt Zürich. Ausschnitt aus einem Altarbild von Hans Leu d. Ä., 1497–1502. Im doppeltürmigen Großmünster predigte Zwingli.

Thesen oder Artikel noch einmal ausführlich erläutert. Ende Oktober findet eine zweite öffentliche Disputation statt. Im selben Jahr erlaubt der Rat den Austritt aus dem Kloster und die Ehe von Priestern.

1524 werden Fastenzwang, viele Feiertage, alle Klöster und Stifte aufgehoben und Kultgegenstände wie Bilder, Altäre, Gewänder aus den Kirchen entfernt. Bildersturm also, aber friedlich, mit Erlaubnis der Obrigkeit. Zwingli, schon seit zwei Jahren heimlich verheiratet, schließt die Ehe nun öffentlich mit der Witwe Anna Reinhart, die drei Kinder mitbringt, zu denen in den gemeinsamen Jahren weitere vier hinzukommen.

Im Jahr 1525 wird in Zürich dann die Messe abgeschafft und die evangelische Abendmahlsfeier eingeführt. Zur Überwachung des Lebenswandels setzt der Rat ein Ehe- und Sittengericht ein. Zwingli verfasst seine grundlegende Schrift *Kommentar über die wahre und falsche Religion.*

Im selben Jahr, in dem im Reich die radikale Reformation mit Müntzers Tod scheitert und die lutherische zwar einen Sieg erringt, aber noch keine bleibende praktische Gestalt gewinnt, steht die Neuordnung in der Stadt Zürich vor ihrer Vollendung. Der Prediger und der Rat, eine weltliche Instanz, haben das Recht zur grundlegenden Reform der Kirche usurpiert. Die *wahre Religion* hat über die *falsche* gesiegt, zur Freude Zwinglis und Gottes: *Wir hätten Gott nur mit dem verehren sollen, was ihn freut. Denn wer unter den Menschen ist so irrsinnig, jemanden mit etwas zu ehren, das diesem mißfällt? […] Glaube sind wir Gott schuldig, Gerechtigkeit und Unschuld uns selbst und den andern, Barmherzigkeit allen Notleidenden. […] Alles, was ich hier gesagt habe, habe ich zur Ehre Gottes, zum Nutzen der christlichen Gesellschaft und zum Besten der Gewissen gesagt. Gott sei gedankt!* (ZSIII, 451 f.)

Frühmorgens bis zum Imbiß verwaltete er [Zwingli] seine Amtsgeschäfte und las fleißig. Danach, bis um 2 Uhr nachmittags, besprach er sich mit guten Freunden und denen, die zu ihm kamen. Nach 2 Uhr bis zum Abendbrot las er wieder, und nach dem Abendbrot spazierte er ein wenig und las danach wieder oder schrieb Briefe, zuweilen bis in die Nacht hinein.

Heinrich Bullinger: Reformationsgeschichte, 1573

TÄUFER

1. *Ein einziger Glaube macht uns fromm vor Gott.*
2. *Dieser Glaube ist die Erkenntnis der Barmherzigkeit Gottes.*
3. *Solcher Glaube will nicht müßig bleiben, sondern muß nach außen wirksam werden gegenüber Gott in Danksagung und gegenüber den Menschen in allerlei Werken brüderlicher Liebe.* (HS, 72)

Wieder Thesen, die so genannten *Achtzehn Schlußreden*, veröffentlicht im April 1524 in der freien Reichsstadt Waldshut am Rhein, 50 Kilometer nördlich von Zürich. Wieder wird imitiert, diesmal Zwingli. Und tatsächlich hat der Verfasser Balthasar Hubmaier von Zwingli gelernt.

Auf einem Bild schaut er in der Seitenansicht ernst, beinahe starr geradeaus, mit langer, markiger Nase und knochigen Wangen, mit kräftigem Kinnbart und schulterlangen Haaren, den Mund leicht geöffnet, als denke er angestrengt nach oder als hole er Luft, um dann zu seinen Zuhörern zu sprechen.

Balthasar Hubmaier war einer der führenden Theologen der Zeit. Geboren in Friedberg bei Augsburg zwischen 1480 und 1485, also etwa gleichaltrig mit Luther und Zwingli, besuchte er die Domschule in Augsburg, studierte dann in Freiburg, promovierte zum Doktor der Theologie bei Johann Eck, dem späteren Gegenspieler Luthers. Er wurde Priester, Professor, Prorektor in Ingolstadt, eine glänzende Karriere.

Balthasar Hubmaier

Im Jahr 1515 verlässt er überstürzt Ingolstadt, wird Domprediger in Regensburg, propagiert stimmgewaltig die Vertreibung der Juden, die Zerstörung der Synagoge, an deren Stelle die Kapelle «Zur schönen Maria» errichtet wird, die bald zu einem der bedeutendsten Wallfahrtsorte der Zeit avanciert. Treibende Kraft der antijüdischen Ausschreitungen ist der mitreißend predigende Dompriester Hubmaier, den man in Volksliedern besingt – ein führender Kopf der Volksfrömmigkeitsbewegung der Zeit.

Auch Regensburg verlässt er überstürzt im Jahr 1520 und zieht sich auf eine Pfarrstelle nach Waldshut zurück. Dort nimmt er Verbindung auf zum Humanismus und zur Schweizer Reformation, sitzt bei der 2. Zürcher Disputation im Oktober 1523, wie es heißt, «neben dem Zwinglin».

In Waldshut führt Hubmaier mit Unterstützung des Rates die Reformation ein und verteidigt seinen Standpunkt im April 1524 mit den *Achtzehn Schlußreden*, in denen er eigene Akzente setzt. Die Rechtfertigung allein aus dem Glauben führt zu deutlichen, sichtbaren Konsequenzen: zum Dank gegen Gott und zu guten Werken gegenüber den Menschen. Dann nimmt er Kontakt auf mit den aufständischen Bauern und mit Thomas Müntzer. Die Waldshuter Reformation radikalisiert sich: Bildersturm, Zerstörung der beiden Kirchen, Reform der Messe, die nunmehr ganz auf Deutsch gehalten wird.

Eine neue Lebenswende macht aus dem Anhänger Zwinglis und Müntzers einen Anhänger und bald den führenden theologischen Kopf der Täufer.

Die Bewegung der Täufer ist zwischen 1523 und 1525 im Schoß der Zürcher Reformation entstanden. Dort kritisiert eine Gruppe von Laien um Konrad Grebel, Felix Manz und Georg Blaurock Zwinglis enge Bindung an den Rat und seine Halbherzigkeit bei der Durchführung von Reformen. Nach biblischem Vorbild will man eine Kirche der wahrhaft Glaubenden errichten, keine Volkskirche. Nur Erwachsene, die sich freiwillig der Gemeinde anschließen, sollen getauft werden, nicht aber Kinder. Am 21. Januar 1525 trifft sich in einem Privathaus in Zollikon, einem kleinen Örtchen im Herrschaftsbereich der Stadt, eine Gruppe von Entschiedenen, an denen Konrad Grebel die (Wieder-)Taufe vollzieht. Die Gruppe hat mit Zwingli gebrochen.

Bald schließt sich Hubmaier der Täuferbewegung an. Im Frühjahr kommt Grebel nach Waldshut. Hubmaier unterzieht sich zu Ostern 1525 der Wiedertaufe, tauft dann selbst einen Großteil der Bevölkerung und des Rats der Stadt und formuliert mit der *Summe eines ganzen christlichen Lebens* eine erste Zusammenfassung täuferischer Theologie. In Waldshut gründet er eine territoriale Täuferkirche, die erste – und zugleich beinahe die letzte. Ende des Jahres ist das Experiment nach knapp acht Monaten gescheitert: Österreicher besetzen im Dezember die Stadt.

Trotz dieses Misserfolgs breitet sich das Täufertum wie ein Lauffeuer aus, in der Schweiz, in Deutschland und darüber hinaus, vor allem in den unteren sozialen Schichten, unter einfachen Handwerkern, Tagelöhnern und Bauern. Obwohl die Täufer nicht die Struktur einer Großkirche entwickeln, einigen sie sich auf ein klares Programm: *Liebe Brüder und Schwestern! Wir, die wir zu Schleitheim am Randen im Herrn versammelt gewesen sind, tun allen Liebhabern Gottes kund, daß wir in den Stücken und Artikeln übereingekommen sind, die wir im Herrn halten sollen, wenn wir gehorsame Kinder, Söhne und Töchter Gottes sein wollen, die abgesondert von der Welt in allem Tun und Lassen sind und sein wollen. Gott allein sei Preis und Lob, daß es ohne den Widerspruch irgendeines Bruders und in voller Zufriedenheit geschehen ist. […]*

Die Punkte, die wir behandelt haben und in denen wir eins geworden sind, das sind diese: Taufe, Bann, Brechung des Brotes, Absonderung von Greueln, Hirten in der Gemeinde, Schwert, Eid. (LF, 61 f.)

Die sieben Schleitheimer Artikel vom 24. Februar 1527 formulierte der ehemalige Benediktinerprior Michael Sattler. Dieses Manifest der Täufer wurde in einem gemeinsamen Beratungsprozess abgesegnet, ähnlich wie das der Bauern. Eine Volksbewegung hier wie dort. Ganz im Gegensatz zum Programm der Bauern fordert es aber keine Veränderung der sozialen Verhältnisse, vielmehr Rückzug und innere Emigration. Diese Kirche soll sich strikt von der Welt trennen, Amtsfunktionen, Kriegsdienst und Eid für ihre Mitglieder ablehnen.

Die Obrigkeiten reagieren scharf, zwingen die Täufer zu einem Leben im Untergrund oder auf der Flucht. Sie verfügen Ausweisung, Züchtigung, Haft, Folter und Tod – Tod durch Verbrennen, nach alter Tradition, Tod durch Ertränken, beliebt auf der reformatorischen Seite. 1525 werden die Täufer aus Zürich ausgewiesen, 1527 wird Felix Manz ebendort in der Limmat ertränkt, 1529 Georg Blaurock im österreichischen Eschtal verbrannt. Michael Sattler wird wenige Tage nach Schleitheim verhaftet, kaum ein Vierteljahr später den Flammen übergeben, seine Frau ertränkt. Die Liste lässt sich beinahe beliebig verlängern …

Balthasar Hubmaier, dem Desaster in Waldshut mit seiner Frau Elsbeth Hügline knapp entronnen, ist auf der Flucht, er wird in Zürich gefangen, gefoltert, zum Widerruf gezwungen. Er emigriert nach Nikolsburg in Mähren, gründet dort 1527 erneut eine städtische Täuferkirche, entfacht eine mehrere tausend Menschen zählende Massenbewegung unter der Schirmherrschaft des regierenden Fürsten Leonhard von Liechtenstein.

Dann kommt das jähe Ende: Ferdinand von Österreich, seit Anfang 1527 König von Böhmen, lässt den Theologen und dessen Frau verhaften, nach Wien führen, foltern, verurteilen. Am 10. März 1528 wird Hubmaier auf dem Scheiterhaufen verbrannt, seine Frau in der Donau ertränkt. Übrig bleiben nur seine Schriften, die er mit seinem Motto signierte: *Die Wahrheit ist untödlich.*

Der Zweite Reichstag von Speyer aber stellt 1529 den täuferischen Glauben unter Todesstrafe. Eingekeilt zwischen zwei Fronten, zwischen Altgläubige und Protestanten, fühlen sich die Täufer als Teilhaber und Erben der Reformation. Die Mächtigen aber sind sich einig: Dieser radikale, konsequente, urchristlich-archaische Glaube muss weg.

Die große Koalition gegen die Täufer hat letztlich Erfolg. Während sich die Bevölkerung in den deutschen Ländern zeitweilig zu gleichen Teilen in Altgläubige, Protestanten und Täufer samt weiteren «Radikalen» aufteilt, bleiben, nach einer Verfolgungsorgie ohnegleichen, am Ende der Reformationszeit von den – zum größten Teil ausgesprochen friedlichen, geradezu pazifistischen – Täufern nur noch klägliche Reste übrig, das Gros aber ist liquidiert.

Die friedfertigen, leidensbereiten Reste der Täufer sammeln sich in Norddeutschland und den Niederlanden um den Geistlichen Menno Simons und führen als «Mennoniten» ihr frommes Leben trotz Verfolgung in aller Stille fort, wie auch andere Täufergemeinden in der Schweiz und in Oberdeutschland bis hin nach Böhmen und Mähren. Ganz nach den Worten des täuferischen Reisebuchhändlers Hans Hut: *So ist es nun für die Kinder Gottes sehr gut, daß sie, weil sie im Elend wandeln, sich ja aufs beste zusammentun und zusammenhalten […]. Kurz: Es soll ein Bruder dem andern dienen, leben [und] arbeiten […].* (LF, 146 f.)

Erstaunliche Blüten aber treibt der verfemte Glaube im Täuferreich von Münster. Eine radikale, apokalyptisch gestimmte täuferische Auffassung breitet sich aus, von Straßburg und dem Kürschner Melchior Hofmann kommend, bis nach Friesland und in die Niederlande. In Münster wird nach der Vertreibung der Gottlosen im Jahr 1534 ein Königtum nach alttestamentlichem Vorbild errichtet, mit Erwachsenentaufe, Gütergemeinschaft und Polygamie. Wer sich widersetzt, wird liquidiert: eine Schreckensherrschaft im Zeichen des Kreuzes. König Jan Beuckelsson van Leiden, ein ehemaliger Schneider, erlässt am 2. Januar 1535 einen *Artikelbrief*: *1. Für das erste soll kein König noch eine Obrigkeit unter den Bundesgenossen Christi außer, die, von Gott verordnet, sich nach Gottes Wort halten und schicken mögen, bestehen bleiben. 2. Der König, seine Richter und alle Regenten sollen unangesehen der Personen und eigenen Vorteils jedermann Recht tun und alle Sachen nach Got-*

Da haben sie ihren Willen gehabt, die da alte Frauen hatten, und konnten die jungen Frauen nehmen.

Bissig-neidischer Kommentar des Heinrich Gresbeck von 1535 zur «Vielweiberei» im Täuferreich zu Münster *tes Wort […] richten und handeln und, wenn es erforderlich ist, das Schwert, damit zu richten, gebrauchen […]. 8. Wer sich unterstünde, Meuterei anzurichten, soll des Todes sterben.* (TR, 209 f.)

Das gewagte Experiment in Münster geht nicht gut: Im Juni 1535 erobert der vertriebene Bischof Franz von Waldeck die Stadt. Die Rache ist grausam. Nach Verhör und Prozess ergriffen die Henker die Anführer der Täufer «mit glühenden und feurigen Zangen und faßten die Muskeln am ganzen Körper an, die bei den einzelnen Berührungen offene Flammen von sich gaben, wovon ein so großer Gestank ausging, daß die Nasen aller auf dem Platz Stehenden schwer Anstoß nahmen» (RA, 432 f.). Die Leichname aber hängte man in drei eisernen Käfigen an den Turm der Lambertikirche, zur Abschreckung für alle mit urgemeindlichen oder alttestamentarischen Gelüsten.

Bei Tisch gibt Martin Luther seinen Segen zur Verfolgung der Täufer, ohne sich allzu sehr um einen Unterschied zwischen gewalttätigem und gewaltlosem Täufertum zu kümmern: *Die Wiedertäufer nur geköpft! Denn sie sind aufrührerisch und lassen nicht ab von ihrem Irrtum.* (LWE3, 110)

Abendmahlsstreit

Man muß dem Wort Gottes weichen. Die Worte des Herrn [lauten]: «Dies ist mein Leib». Diese Worte kann ich nicht anders verstehen, als sie lauten. […] Vernunftgründe will ich nicht hören. Bei so klaren Worten lasse ich keine Fragen zu; ich weise alle Vernunft und den gesunden Menschenverstand zurück. […] Würde Gott mir befehlen, Mist zu essen, so würde ich es tun in der klaren Erkenntnis, daß dies für mich heilsam ist. Der Knecht soll nicht über den Willen des Herrn nachgrübeln. Man muß die Augen schließen. (HFII, 149, 151)

Szenenwechsel. In Marburg, Sitz der Universität des evangelischen Landgrafen Philipp von Hessen, versammeln sich am 1. Oktober 1529 die führenden reformatorischen Köpfe, allen voran Martin Luther, Philipp Melanchthon, Huldrych Zwingli und Martin Bucer, der Reformator Straßburgs. Thema des ersten und einzigen internationalen Theologenkongresses der Zeit: die Abendmahlsfrage, genauer Jesu «Einsetzungs-

Das Abendmahl. Wandgemälde von Leonardo da Vinci, 1495/98; Refektorium des Klosters S. Maria delle Grazie, Mailand

wort»: «Dies ist mein Leib», noch genauer das kleine Wörtchen «ist». Der Zürcher versteht dies anders als die Wittenberger.

Der Streit währt schon seit Mitte der zwanziger Jahre, beide Seiten haben das Terrain schriftlich abgesteckt. Auf Luthers Auffassung, Christus sei im Abendmahlsbrot leibhaftig anwesend, ganz real präsent, reagierte Zwingli, der die Einsetzungsworte *als bildliche Ausdrucksweise* auffasste, ironisch: *Es müßte dann auch das Brot für uns ans Kreuz gehängt worden sein, wenn es der für uns gekreuzigte Leib wäre.* (ZSIV, 14)

Nun sitzen die Streithähne auf Einladung des hessischen Landgrafen an einem langen Tisch einander gegenüber und diskutieren. Auf Luthers drastische Meinung reagiert Zwingli

mit den Worten: *Manches hat mir dabei gefallen, manches nicht, weil es recht kindisch war wie z. B. «Würde Gott mir befehlen, Mist zu essen» usw. Denn was Gott gebietet, gebietet er zum Guten und zum Heil. Gott ist wahrhaftig und Licht, er führt nicht in die Finsternis. […] Die Seele ist Geist: die Seele ißt kein Fleisch; Geist genießt Geist.*

Nichts für ungut – ich wünsche Freundschaft. Nicht mit bitterem Gemüt, sondern mit Freuden schaue ich Euer Antlitz, Doktor Luther und Magister Philippus. (HFII, 151 f.)

Da hebt Luther die Samtdecke hoch und zeigt den Spruch, den er zu Beginn des Gesprächs heimlich mit Kreide auf den Tisch geschrieben hat: «Das ist mein Leib»: *Hier steht unser Schriftbeweis. […] Meine allerliebsten Herren, weil der Text meines*

Herrn Jesu Christi hier steht: «Das ist mein Leib», so kann ich wahrlich nicht daran vorbei, sondern muß bekennen und glauben, daß der Leib Christi da sei. […] Es reimt sich unser Geist und Euer Geist nicht zusammen, sondern es ist offenbar, daß wir nicht einerlei Geist haben. (HFII, 154 f.)

Mit diesen Worten ist das Tischtuch endgültig zerschnitten. Nach drei Tagen, am 4. Oktober, verlassen die Theologen den Schauplatz, ohne Ergebnis. Die beiden Lager, die sich einig sind in den reformatorischen Grundlagen, besonders der Rechtfertigung des Menschen aus Gnade, und in der Bekämpfung der altgläubigen und schwärmerischen Gegner, scheitern an einem einzigen Wort? Uns Heutigen scheint dies schwer verständlich. Doch stehen zwei grundverschiedene Theologien zur Debatte, zwei Gottesverständnisse, unterschiedliche, ja gegensätzliche Auffassungen vom Menschen und vom Glauben: Credo quia absurdum – Ich glaube, auch wenn, ja gerade weil es absurd, vollkommen unvernünftig ist. – Nein, auch der menschliche Verstand ist von Gott, beides kann sich niemals fundamental widersprechen. Mit Luther geht eine Epoche zu Ende, mit Zwingli fängt eine neue Zeit an. Die Einigungsbemühungen sind gescheitert. Der Protestantismus bleibt in zwei Lager, ein schweizerisches und ein deutsches, gespalten, zu dem sich noch ein drittes gesellt, ein paar oberdeutsche Städte unter Führung von Straßburgs Reformator Martin Bucer (Butzer).

Zu Marburg Doktor Luthers Faust
gar kräftig auf den Tisch hinsaust.
«Dies ist mein Leib!» so steht's geschrieben,
und dabei wird bei mir geblieben.
Ganz anderen Geistes ist der Zwingel,
und Bucer ist erst recht ein Schlingel.
Und was der Papst von Wandlung lehrt,
das halten wir für grundverkehrt.

Volkstümliches Gedicht aus dem 16. Jahrhundert über das Marburger Religionsgespräch

Dabei wäre eine Einigung dringend nötig, denn die politische Lage ist bedrohlich, die Reformation auf beiden Seiten in ihrer Existenz bedroht, das weiß Zwingli, der klar denkende, politisch kalkulierende Kopf. Schon während des Reformationsprozesses in Zürich hatten die fünf Urkantone ein Bündnis geschlossen. In der zweiten Hälfte der zwanziger Jahre, als sich die Zürcher Reformation ausbreitet, durch Berchtold Haller nach Bern und Johannes Oekolampad nach Basel, wird die Konfrontation härter. Im «Burgrecht» schließt sich Zürich mit Konstanz, Bern, Basel und weiteren Städten zusammen. Im Februar 1529, ein halbes Jahr vor Marburg, verbünden sich die altgläubigen Kantone mit König Ferdinand von Österreich. Zwingli, der Stadtreformator, dem die Einigung in der Schweiz nicht gelingt, entwickelt die Idee einer internationalen evangelischen «Eidgenossenschaft», die in Marburg zerbricht. Doch er bemüht sich weiter um eine antihabsburgische Koalition, notfalls mit Hilfe Frankreichs. Er, der Pazifist, setzt nun auf eine militärische Lösung, wendet sich gegen den ersten Landfrieden von Kappel, der im Juni einen vorläufigen Vergleich zwischen den verfeindeten Kantonen bringt, aber eben, wie Zwingli spürt, nur einen vorläufigen.

Die politische Situation ist bedrohlich, auch in Deutschland. Zwar herrscht auf der einen Seite Ruhe: 1524 und 1526 verschieben die Reichstage von Nürnberg und Speyer die Entscheidung über die Religionsfrage und damit die Durchführung des Wormser Edikts, denn die Kraft des Kaisers ist außenpolitisch, durch Franzosen und Türken, gebunden. Auf der anderen Seite aber Anspannung, Hektik und Feindschaft: 1524 und 1525 werden Bündnisse der Altgläubigen in Regensburg und Dessau geschlossen, 1526 evangelische in Torgau und Gotha mit der Kernachse Kursachsen – Hessen.

Im Jahr 1529 spitzt sich die Situation zu: Auf dem Zweiten Reichstag von Speyer beschließt die altgläubige Mehrheit im Frühjahr die Durchsetzung des Wormser Edikts. Dagegen protestieren am 19. April die evangelischen Stände, fünf Fürsten und vierzehn Städte. Die Anhänger des neuen Glaubens werden seither als «Protestanten» bezeichnet. Nun wenden sich auch die weltpolitischen Verhältnisse zu ihren Ungunsten: Im Sommer schließt der Kaiser mit Frankreich und mit dem Papst Frieden; die Türken, die vor Wien stehen, werden zurückgedrängt. Der Kaiser hat freie Hand.

Der Misserfolg von Marburg endet für Zwingli persönlich und für seine Reformation mit der Katastrophe. Nur Tage nach

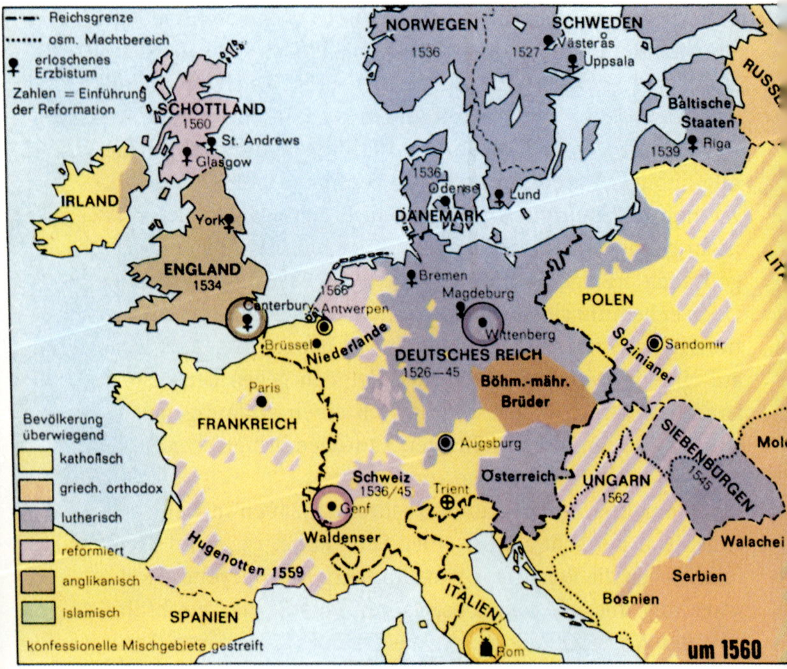

Die Glaubensspaltung in Europa, um 1560

dem gescheiterten Religionsgespräch erklären die fünf Urkantone Zürich den Krieg. Zwei Jahre später, am 11. Oktober 1531, fällt Zwingli als Feldprediger in der Schlacht bei Kappel. Ende Oktober sind die Zürcher dann endgültig besiegt. Zwingli, der politisch denkende Reformator, dem für sein Lebenswerk nur ein Jahrzehnt blieb, ist an den Kräfteverhältnissen gescheitert. Zwar werden seine Anliegen von seinem Nachfolger Heinrich Bullinger in der Stadt Zürich bewahrt und wirken später als Ferment in der von Genf ausgehenden zweiten großen Reformationswelle weiter, doch sind seine hochfahrenden Pläne von einer geeinten Schweiz und einer Weltreformation gegen Kaiser und Papst gescheitert. Nicht einmal die letzte Ruhe gönnen ihm seine Feinde, sie vierteilen und verbrennen den Leichnam.

Der Gegner triumphiert, darunter auch der deutsche Reformator, der es ablehnte, ein Bundesgenosse zu sein. Bei Tisch äußert Martin Luther über seinen Schweizer Kollegen: *Zwingli war einmal etwas, aber weder etwas Wahres noch etwas Gutes; so ist's auch nicht mehr da. […] Ich wünschte, daß er selig würde, aber ich fürchte, daß das Gegenteil mit ihm geschah.* (LWE3, 116)

«Zum wechselseitigen Gespräch geboren» Philipp Melanchthon

Das «Augsburger Bekenntnis»

Artikel 1: Von Gott

Zuerst wird gemäß dem Beschluß des Konzils von Nicäa (325) einmütig gelehrt und festgehalten, daß ein einziges göttliches Wesen sei, das Gott genannt wird und wahrhaftig Gott ist und doch drei Personen in diesem einen göttlichen Wesen sind, jede gleich mächtig, gleich ewig: Gott Vater, Gott Sohn, Gott Heiliger Geist. […]

Artikel 4: Über die Rechtfertigung

Weiter wird gelehrt, daß wir Vergebung der Sünde und Gerechtigkeit vor Gott nicht durch unsere Verdienste, Werke und Gott versöhnenden Leistungen (urspr.: Genugtun) erreichen können. Vielmehr empfangen wir Vergebung der Sünde und werden vor Gott gerecht aus Gnade um Christi willen durch den Glauben, (das heißt) wenn wir glauben, daß Christus für uns gelitten hat und daß uns um seinetwillen die Sünde vergeben, Gerechtigkeit und ewiges Leben geschenkt wird. Diesen Glauben will Gott als Gerechtigkeit, die vor ihm gilt, ansehen und zurechnen – wie Paulus im 3. und 4. Kapitel des Römerbriefes (bes. 3,21 ff. und 4,5) sagt. (CA, 23, 25)

Das *Augsburger Bekenntnis*, die *Confessio Augustana* (CA), ist die bis heute gültige Grundlage der lutherischen Reformation.

Zum Reichstag haben sich im Sommer 1530 geistliche und weltliche Machthaber aus allen deutschen Ländern in Augsburg versammelt, an ihrer Spitze Karl V., nach beinahe zehnjähriger Abwesenheit seit Worms wieder präsent und nicht abgelenkt durch außenpolitische Konflikte. Im Februar 1530 war er endlich formell vom Papst in Bologna zum Kaiser und damit zum Schirmherr des christlichen Abendlandes gekrönt worden. Jetzt wirft er sich auf die Religionsfrage, fordert die Protestanten zu einem Positionspapier auf, um auf dem Reichstag zu einer Einigung zu gelangen. Man wolle doch «die Zwietracht hinlegen, vergangene Irrsal unserem Seligmacher ergeben und eines jeglichen Opinion [Meinung] in Liebe und Gütigkeit hören, verstehen und erwägen, und also alle in einer Gemeinschaft, Kirche und Einigkeit leben» (KV., 72).

Das klingt versöhnlich, und die Protestanten nehmen die Herausforderung an. Doch Luther darf als Geächteter nicht vor dem Kaiser erscheinen, er kann sich dem Reichstag nur bis auf die Veste Coburg, den südlichsten Zipfel der kursächsischen Herrschaft, nähern, mit dem weltpolitischen Geschehen durch Boten verbunden. Das Positionspapier aber, die 28 kurz und klar formulierten Artikel der *Confessio*, verfasst sein Mitarbeiter Philipp Melanchthon, in der Absicht darzulegen, *daß bei uns nichts – weder in der Lehre noch in kirchlichen Ordnungen (urspr.: Zeremonien) – eingeführt worden ist, das entweder der Heiligen Schrift oder der allgemeinen christlichen Kirche entgegensteht. Denn es ist allgemein und öffentlich bekannt, daß wir mit größter Anstrengung und mit Gottes Hilfe – ohne uns rühmen zu wollen – verhütet haben, daß ja keine neue und gottlose Lehre in unsere Gemeinden (urspr.: Kirchen) eindringe, in ihnen einreiße oder überhandnehme.* (CA, 69) Versöhnliche Töne auch hier, ebenso wie beim Kaiser, und die Hoffnung, die Einheit der Kirche zu retten, wiederherzustellen: Im Grund haben wir ein und denselben Glauben, gründen uns auf die Bibel, aufs Apostolische Glaubensbekenntnis und auf die Väter der Kirche. Gegen Ketzer, Täufer, Spiritualisten und Schwärmer sind wir Protestanten ebenso allergisch wie ihr. *Ich kann so sanft und leise nicht tre-*

In den deutschen Ländern gibt es um 1500 etwa 5000 Städte, die meisten mit weniger als 2000 Einwohnern, unter den größten mit über 10000 Einwohnern Nürnberg und Augsburg.
Die freien Reichsstädte sind dem Kaiser unmittelbar untertan, die anderen – wie etwa Wittenberg – gehören einem Territorialherrn. Das Stadtrecht sichert allen freien Bürgern gleiche Rechte.
Die Bewohner sind sozial geschichtet in die Oberschicht, das Patriziat (Großkaufleute und Bankiers), den Mittelstand (Handwerkerzünfte) und die Unterschicht: Tagelöhner, Knechte und Mägde; Bettler und Vaganten.

ten (LD10, 202), kommentiert Luther Melanchthons versöhnlichen Ton. Vielleicht hätte er dem Kaiser gerne erneut ins Angesicht widerstanden, wie damals in Worms.

Am 25. Juni 1530 wird Melanchthons *Confessio* durch den sächsischen Kanzler vor dem Kaiser und den Fürsten des Reiches verlesen – für die gesamte reformatorische Bewegung steht viel, steht alles auf dem Spiel. Hat Melanchthon, der ihre Sache vertritt, der jetzt zum führenden Reformator avanciert ist, Erfolg? Ist er, ein Griechischprofessor, überhaupt der zur Führung einer Protestbewegung geeignete Mann?

Philipp Melanchthon, das ist der Mann mit der hohen, gewölbten Stirn und den eingefallenen Wangen, mit den tiefen Furchen, die gegen Ende seines Lebens das Gesicht durchziehen. Er ist einer der bedeutendsten Universalgelehrten der Geschichte, neben Erasmus von Rotterdam und Johannes Reuchlin einer der großen Humanisten seiner Zeit, ein unermüdlich arbeitender Wissenschaftler und Denker. Mitunter studiert oder diktiert er, wie Luther tadelnd bemerkt, noch während des Essens. Wir würden sagen: ein Workaholic. Kein Rebell, wie Luther, aber ein beharrlicher Reformer. Einer, dem die reformatorische Bewegung ebenso viel verdankt wie Doktor Martin.

Philipp Melanchthon wurde am 16. Februar 1497 geboren, sechs Minuten nach 19 Uhr, im damals kurpfälzischen, heute badischen Bretten, als Sohn der Barbara Reuter und ihres Ehemannes Georg Schwarzerdt, eines kurfürstlichen Rüstmeisters. Er kommt aus bürgerlichem Haus, aus einer der besten Familien des Städtchens, mit bedeutenden familiären Beziehungen: Der große Humanist Johannes Reuchlin ist sein Großonkel. Der gräzisiert später Philipps Nachnamen «Schwarzerdt» in «Melanchthon». Auch die Ausbildung des Jungen hat höchstes Niveau. Er genießt Privatunterricht bis zum frühen Tod des Vaters 1508, dann ein Jahr die Lateinschule in Pforzheim, untergebracht bei Reuchlins Schwester. 1509 bezieht er als Zwölfjähriger die Universität, in Heidelberg zuerst, dann in Tübingen. Mit sechzehn Jahren wird er zum Magister Artium promoviert und hält Vorlesungen. 1518 erreicht den Einundzwanzigjährigen aus Wittenberg der Ruf auf eine Professur für Griechisch.

Philipp Melanchthon. Federzeichnung von Albrecht Dürer, 1526

Seine Antrittsvorlesung zeigt Melanchthon als humanistischen Reformer. Unter dem Titel *Über die Notwendigkeit, die Studien der Jugend grundlegend neu zu gestalten* fordert er eine Abwendung von der «irregeleiteten» kirchlichen Praxis und Tradition hin zu den biblischen und antiken Quellen: *Und wenn wir unseren forschenden Geist ganz auf die Quellen gerichtet haben, werden wir anfangen, Christus zu begreifen, sein Auftrag wird uns klar werden, und wir werden von jener beglückenden Süße göttlicher Weisheit ganz erfüllt werden.* (MDI, 58)

Schnell schließt sich Melanchthon dem mehr als dreizehn Jahre älteren Luther und seiner Bewegung an, wird sein Mitarbeiter, Vertrauter und Freund. Doch widersetzt er sich standhaft dessen Wunsch, in die theologische Fakultät zu wechseln, obwohl er ein Jahr nach seiner Ankunft mit dem Titel eines «Baccalaureus biblicus» die theologische Lehrbefugnis erhält und sich in den Baccalaureatsthesen als konsequenter Verfechter einer reformatorischen, lutherischen Gnadenlehre zeigt: *9. Folglich ist die Gerechtigkeit eine Wohltat Christi. 10. Alle unsere*

Gerechtigkeit ist eine umsonst geschenkte Zurechnung Gottes. (MDII, 10)

Im Jahr 1521 veröffentlicht Melanchthon mit den *Loci communes rerum theologicarum* (*Grundbegriffe der Theologie*) eine erste systematische Zusammenfassung reformatorischer Theologie; weitere theologische Werke folgen. Sein eigentliches Feld aber bleiben die alten Sprachen, er verfasst eine griechische Grammatik, ein Standardwerk mit 44 Auflagen allein im 16. Jahrhundert. Doch nicht nur Altsprachler, Philologe, ist er, sondern Universalgelehrter. Er weiß über die unterschiedlichsten Gebiete Bescheid, äußert sich in Vorlesungen ebenso wie in Schriften über Rhetorik und Dialektik, Philosophie und Theologie, Ethik und Geschichte, Geographie und Astronomie, Rechtswissenschaften und Medizin. Mit beinahe zehntausend Briefen hinterlässt er einen der umfassendsten Schriftwechsel des 16. Jahrhunderts.

Luther und Melanchthon sind gemeinsame Streiter für die Reformation, beinahe von Anfang an Seite an Seite. Gegen den Papst, den *Antichristen*, verfassen 1523 beide gemeinsam die Kampfschrift *Deutung des Papstesels zu Rom.* Zusammen arbeiten sie an der Übersetzung der Bibel: Melanchthon redigiert die von Luther erstellten Rohfassungen, er ist der philologische und historische Fachmann, während Luther die deutschen Formulierungen prägt. Gemeinsam beziehen die beiden Front gegen die Radikalen, Schwärmer und Bauern, gegen den Erzfeind Müntzer. Auch Melanchthon fordert – in seiner *Schrift wider die Artikel der Bauernschaft* – ein kompromissloses Vorgehen gegen die Bauern.

Im selben Jahr 1525 aber tritt eine merkliche Abkühlung des Verhältnisses zwischen den beiden ein. Luthers Heirat mit Katharina scheint Melanchthon verfrüht, seine brüske Zurückweisung des Erasmus verkehrt. Er sucht nicht die Trennung, sondern das Gespräch mit dem Humanismus und bald auch wieder mit den Altgläubigen, nicht aus Schwäche, sondern aus tiefster Überzeugung.

Zum Dialog kommt Melanchthon 1530 nach Augsburg, zum Dialog mit dem Kaiser. Die Gegenseite antwortet auf die von sechs Landesherrn und zwei Städten gezeichnete *Confessio* mit der von Johannes Eck und anderen katholischen Theologen ausgearbeiteten «Widerlegung» («Confutatio»). Melanchthon verfasst eine Verteidigungsschrift, die *Apologie*. Zwingli reicht dem Kaiser ein eigenes Positionspapier ein, die *Rechenschaft über den Glauben* (*Fidei ratio*). Bucer fügt zu allem Überfluss eine dritte protestantische Erklärung hinzu, die *Tetrapolitana*, das *Bekenntnis der vier [oberdeutschen] Städte.*

Dem Kaiser bleibt die Zerrissenheit der reformatorischen Bewegung nicht verborgen. Nun rächt sich der Ausgang des Marburger Gesprächs. Der Reichstagsabschied vom 19. November verwirft die protestantische Lehre und verfügt die energische Durchsetzung des Wormser Edikts. Für die reformatorische Bewegung wird es ernst. Melanchthon ist der Verlierer. Wo die Machtpolitik beginnt, endet der Dialog. Schadenfroh meldet sich Luther, der diesen Ausgang ahnte, vielleicht gar erhoffte: *Ich glaube, lieber Philippus, daß Du nun aus genügend großer Erfahrung siehst, daß Belial [der Teufel] auf keine Weise mit Christus vereinigt wird [...] und daß man sich in bezug auf die Lehre auch keine Hoffnung auf Eintracht machen kann.* (LD10, 211)

Auf dem Reichstag in Augsburg wird die Spaltung Deutschlands in zwei konfessionelle Lager, in Altgläubige und Protestanten, besiegelt. Die Zeichen stehen auf Krieg, dies wird allen deutlich. Die Lutheraner schließen sich im April 1531 unter Führung Kursachsens und Hessens im Schmalkaldischen Bund zusammen; Luther formuliert dazu Ende 1536 die nicht auf Versöhnung zielenden *Schmalkaldischen Artikel* (gedr. 1538). 1538 folgt ein militärischer Pakt der altgläubigen Stände im «Nürnberger Bund».

Obwohl die Zeichen auf Krieg stehen, greift der Kaiser nicht an. Wieder einmal leisten Franzosen, Päpste und Muslime der Reformation in Deutschland ungewollt Schützenhilfe, binden sie doch die Kräfte des Kaisers. Einer seiner Ratgeber macht Karl V. in dieser Situation den Vorschlag: «Ich wage es, Eure Majestät zu bitten, Euch wohl oder übel mit diesen Ket-

Die Confessio Augustana, 1530. Das Augsburger Bekenntnis wird vor Kaiser Karl V. von den evangelischen Landesherren (links) und den protestantischen Reichsstädten (rechts) beschworen. Gemälde von Georg Balthasar von Sand, um 1715

zern abzufinden und sie Eurem Bruder [Ferdinand] in der Art untertan sein zu lassen wie die Böhmen, die doch zu keinem anderen Schlag gehören … Arbeitet darauf hin, daß sie einige ihrer Irrtümer aufgeben und im übrigen Euch als ihrem Herrn dienen und gehorchen, um Deutschland und Ungarn gegen die Türken zu verteidigen.» (KV., 75) Realpolitische Einsicht führt zum Frieden: Das Wormser Edikt, eben erst auf dem

Reichstag zu Augsburg erneuert, wird formell wieder ausgesetzt, zuerst 1532 im Nürnberger «Anstand». Mehrere Reichstage erneuern den Waffenstillstand zwischen den Konfessionen, vertagen die Religionsfrage auf ein «allgemeines Konzil». In der ersten Hälfte der vierziger Jahre und darüber hinaus finden offizielle Religionsgespräche in Hagenau, Worms und Regensburg statt, zum Teil gar im Beisein des Kaisers.

Philipp Melanchthon, zum Dialog bereit, ist der Mann der Stunde. Er verhindert vorerst, dass die *Schmalkaldischen Artikel* zur Bekenntnisgrundlage der Lutheraner werden, und veröffentlicht 1540 die *Veränderte Ausgabe der Augsburger Konfession* (*Confessio Augustana Variata*), welche die Gemeinsamkeiten der Konfessionen hervorhebt. Er führt die protestantischen Delegationen bei den Religionsgesprächen, allerdings ohne durchschlagenden Erfolg.

Gewinnbringender sind die Gespräche mit den nichtlutherischen Reformatoren. 1536 einigt sich Melanchthon mit Bucer und den oberdeutschen Städten in der *Wittenberger Konkordie* auf eine gemeinsame Position, 1539 trifft er den Genfer Reformator Calvin. Er knüpft Fäden in alle Richtungen. Und er hat, von den politischen Verhältnissen begünstigt, Erfolg: Mehr als eineinhalb Jahrzehnte lang, bis zum Tod Luthers, kann sich die Reformation in Ruhe nach außen und innen entfalten. Melanchthon, der mit sieben Jahren die Belagerung und Eroberung seiner Heimatstadt erlebte und mit elf den Vater durch Kriegsfolgen verlor, ist ein Gegner von Feindschaft und Streit. Der Dialog ist sein Lebensprogramm: *Wir sind zum wechselseitigen Gespräch geboren.*

Wittenberg

Ich fordere, *daß Fürsten und weltliche Obrigkeit den falschen Gottesdienst beenden und erreichen müssen, daß in den Kirchen die wahre Lehre überliefert wird und richtige Gottesdienste stattfinden.* (MDII, 200)

In der Bedrohung siegt die Reformation. Nach außen durch die Ausbreitung des evangelischen Glaubens. Nach innen durch den Aufbau der neuen Kirche.

An der Entstehung der lutherischen Landeskirche im Kurfürstentum Sachsen unter Kurfürst Johann dem Beständigen, dem Bruder und Nachfolger Friedrichs des Weisen, hat Melanchthon neben Luther maßgeblichen Anteil. Schon 1522 erschien seine *Kinderlehre*, ein Katechismus für Kinder, 1524 dann das *Handbüchlein, wie man die Kinder zur Schrift und Lehre halten soll*, Unterrichtswerk und Erziehungsratgeber in einem. Dann beteiligt sich Melanchthon an den Schul- und Kirchenvisitationen, bei denen geistliche, rechtliche und finanzielle Fragen geregelt werden. 1528 erstellt er mit dem *Unterricht der Visitatoren an die Pfarrherrn im Kurfürstentum Sachsen* die entscheidende Richtlinie für die zentrale Aufsicht. Luther steuert zur Kirchenreform 1526 die *Deutsche Messe* bei, 1529 den *Großen* und den *Kleinen Katechismus*, im selben Jahr noch das *Wittenberger Gesangbuch.* Die reformatorische Theologie wird in der zweiten Hälfte der zwanziger Jahre in die kirchliche Praxis von Gottesdienst und Kindererziehung umgesetzt.

Gewichtiger noch sind Melanchthons Verdienste um die höhere Bildung. Unter seiner Führung, als Rektor und Professor, steigt Wittenbergs «Leucorea» zur größten deutschen Universität auf. Gegen Ende seines Lebens überspringt die Zahl der eingeschriebenen Studenten die Marke von 3000.

Mitte der dreißiger Jahre erlebt Wittenberg, das Rom der Reformation, eine kulturelle und wirtschaftliche Blütezeit. Die Bevölkerung des kleinen Städtchens ist von 2000 um die Jahrhundertwende auf nun 3000 angewachsen, Universität und Schloss nicht eingerechnet. Die Zahl der Druckereien schnellt von ursprünglich fünf auf dreißig in die Höhe. Die Bücher und Holzschnitte erreichen sensationelle Auflagen. Zwei Drittel der Bevölkerung lebt vom druckgraphischen Gewerbe.

Vom Stadttor öffnet sich der Blick auf Schloss, Platz und Kirche, an deren Tür Luther die Thesen anschlug. Auf der Schlossstraße gelangt man ins Zentrum, zum Marktplatz, zum Rathaus und zur Pfarrkirche (Stadtkirche) Sankt Marien, in der Luther predigt. In der Collegienstraße reihen sich rechter

Der Fürst versteht sich als Familienoberhaupt der Hofbediensteten, er versorgt mehrere hundert Personen, darunter Arme und Kranke, mit Kosten bis zu 100 000 Gulden jährlich. Der Tagesablauf des Kurfürsten von Sachsen:

> Zwischen 6 und 7 Uhr Arbeitsbeginn, Gottesdienst, Morgensuppe mit Bier oder Wein.
> 10–12 Uhr Hauptmahlzeit.
> 12–14 Uhr Besuche bei den Hofdamen.
> Nachmittags Sitzung mit Hofräten usw.
> Bis 21 Uhr Abendtafel.

Daneben Jagden, Familienfeste sowie Prinzenerziehung durch Privatlehrer wie Spalatin, den Förderer Martin Luthers.

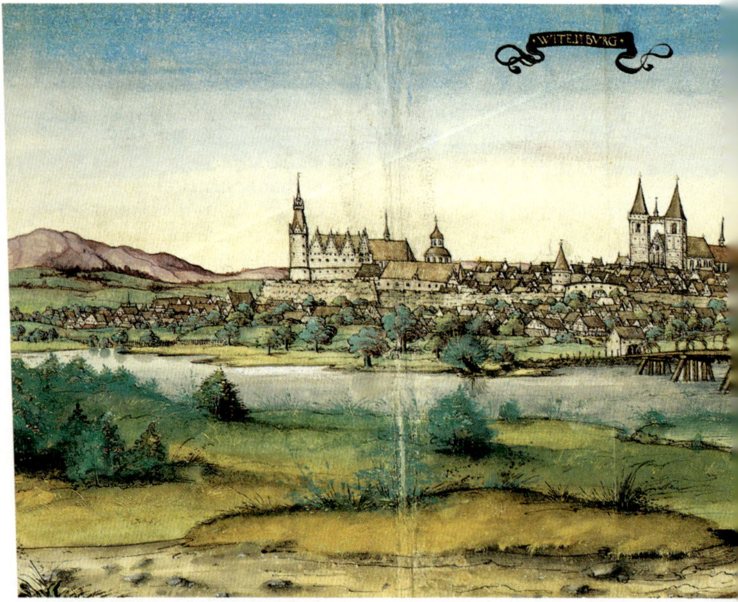

Hand wie Glieder einer Kette das Universitätsgebäude der Leucorea, Melanchthons Wohnhaus und zuletzt das ehemalige Augustinerkloster, in dem jetzt Luther residiert.

Philipp Melanchthon, der weltbekannte Gelehrte, der attraktive Angebote aus Frankreich und England erhält, wird vom Kurfürsten durch eine deutliche Gehaltsaufbesserung und ein für ihn erbautes Haus direkt neben der Universität zum Bleiben veranlasst. Eine Heimat für ihn und seine Frau Katharina Krapp, die er 1520 geehelicht hat, für die Kinder Anna, Philippus und Magdalena, für den Famulus und ein oder zwei Mägde, ein offenes Haus auch für Studenten, Freunde und Gäste.

Von hier aus leitet Melanchthon den Aufbau eines höheren evangelischen Bildungswesens in ganz Deutschland, mit Gymnasien und Universitäten, hier verfasst er eine Vielzahl von Universitäts- und Schulordnungen, Unterrichtsbüchern und Grammatiken, was ihm den Ehrennamen «Praeceptor Germaniae» (Lehrer Deutschlands) einträgt.

Ansicht von Wittenberg. Aquarellierte Federzeichnung, um 1537

Um Luther und Melanchthon scharen sich, zeitweilig oder auf Dauer, weitere Männer, die in Wittenberg und anderswo die Reformation vorantreiben, Theologen und Professoren: Johannes Bugenhagen, Justus Jonas, Kaspar Cruciger und andere. Der aus Nürnberg stammende Veit Dietrich, zeitweilig Luthers Gehilfe und Schreiber, gibt Nachschriften seiner *Predigten, Vorlesungen* und *Tischreden* heraus.

In den dreißiger Jahren gewinnt in Kursachsen eine lutherische Landeskirche klare Kontur, die vorbildlich wird für weitere Länder. Die Aufsicht des Fürsten über die Kirche, das so genannte «landesherrliche Kirchenregiment» («Summepiskopat»), stärkt die Position der Territorialgewalten, verschafft ihnen neuen, zusätzlichen Einfluss im Land und bedeutende Einnahmen durch die Konfiszierung ehemals kirchlicher Güter.

Das Luthertum schafft keine selbständige Kirchenstruktur, wie die katholische Kirche, sondern eine enge Verflech-

Lucas Cranach d. J.: Abendmahl auf dem Epitaph für Joachim von Anhalt, 1565 (Ausschnitt). Anstelle der Jünger sitzen Reformatoren und Theologen am Tisch: so Luther zur Rechten als Zweiter neben Christus, Melanchthon zur Linken

tung mit den staatlichen Institutionen. Oberhaupt der Kirche ist der Landesherr. Ihm zur Seite steht ein Konsistorium, eine oberste kirchliche Behörde, darunter rangieren die Superintendenten, die einen Bezirk beaufsichtigen. Über dem Kirchenvolk stehen die einfachen Pfarrer, die verheiratet sein sollen. Der Landesherr nimmt alles unter seine Fittiche, das kirchliche Vermögen, die theologische Lehre und die religiöse Praxis in Liturgie und Erziehung. Diese «Revolution» von oben, die Fürstenreformation, fordert Melanchthon in seiner Schrift *Über das Amt der Fürsten, Gottes Befehl auszuführen […]* von 1539.

Die Reformation setzt sich durch, in den deutschen Ländern und darüber hinaus: 1525 wird Preußen protestantisch, wobei der Hochmeister Albrecht von Hohenzollern den Ordensstaat in ein weltliches Herzogtum umwandelt. In den nächsten eineinhalb Jahrzehnten werden weite Teile des Deutschen Reiches lutherisch sowie Schweden, Finnland, Dänemark, Norwegen und die baltischen Staaten. Um 1540 hat sich die Reformation – mit Ausnahme Bayerns und einiger Bistümer – in Deutschland sowie im Norden Europas durchgesetzt. Die Schwierigkeiten im protestantischen Lager durch die Doppelehe Philipps von Hessen versuchen Melanchthon und Luther im Dezember 1539 durch einen geheimen *Beichtrat* zu beschwichtigen, in dem sie dem Herzog dringend Mäßigung anraten, die Dreierbeziehung letztlich aber doch zugestehen: *Wo aber E.f.G. [Euer fürstlichen Gnaden] endgültig darauf beschließen, noch ein Eheweib zu haben, so bedenken wir, daß solches heimlich zu halten sei […].* (RS, 203)

Der alternde Luther arbeitet beständig weiter, hält Vorlesungen und Predigten, übersetzt das Alte Testament, gibt 1534 die *Ganze Heilige Schrift deutsch* heraus, veröffentlicht theologische Abhandlungen, dichtet Kirchenlieder. Körperliche Beschwerden, vor allem Nierenkoliken, quälen ihn immer wieder, dazu seelische Krankheiten, Depressionen. Der autoritäre Charakter drängt erneut hervor, vor allem in der Schrift *Von den Juden und ihren Lügen* von 1543, in der er zum Pogrom aufruft, zu Gottes Ehre, wie damals bei den Bauern: *Erstlich: Daß man ihre Synagogen mit Feuer verbrenne. Und werfe hier zu, wer da kann, Schwefel und Pech. Wer auch höllisches Feuer [da]zu werfe, [das] wäre auch gut. […] Zum andern: Daß man ihnen alle ihre Bücher nehme, Betbücher, Thalmudisten, auch die ganze Bibel, und nicht ein Blatt ließe […]. Zum dritten, daß man ihnen verbiete, bei uns und in dem Unsern öffentlich Gott zu loben, zu danken, zu beten, zu lehren, bei Verlust [des] Leibes und Lebens.* (WA53, 536)

Wie ganz anders hatte Johannes Reuchlin zu Anfang des Jahrhunderts die Juden und das Alte Testament verteidigt, auch gegen die Polemik aus den Reihen der Kirche. Jetzt rächt sich die antihumanistische Einstellung des Reformators.

Lebensgroßes Bildnis Martin Luthers von Lucas Cranach d. J., 1575

Im Januar 1546 reist der zweiundsechzigjährige Luther im eiskalten Wagen in seine Heimatstadt Eisleben, schlichtet dort einen Familienzwist seiner ehemaligen Herren, der Grafen von Mansfeld, hält Predigten, schreibt, wird dann aber krank, schwer krank, schwankt zwischen Lebensgier und Todessehnsucht. In einem Brief an seine Frau Katharina preist er das Bier, das ihm schmeckt, dann wieder äußert er nicht ohne eine gehörige Portion Selbstironie: *Wenn ich wieder heim gen Wittenberg komm, so will ich mich alsdann in den Sarg legen und den Maden einen feisten Doktor zu fressen geben.* (WTr6, 302) Und er betet: *Ist dieses meine Stunde und dein göttlicher Wille, so will ich mit Fried und Freuden auf dein Wort gern von hinnen scheiden.* (LD9, 289)

Am 18. Februar 1546 stirbt Luther in unmittelbarer Nähe von Kirche und Stadtsitz der Grafen, nur einen kleinen Spaziergang von seinem Geburtshaus entfernt. Auf einem Notizzettel als lapidares Vermächtnis die Worte: *Wir sind Bettler. Das ist wahr.* (LD10, 341)

Sein Leichnam wird in der Schlosskirche von Wittenberg beigesetzt, im Beisein des sächsischen Kurfürsten Johann Friedrich des Großmütigen, der als Sohn und Nachfolger Johanns des Beständigen die Geschicke des Landes und der Reformation seit 1532 lenkt. Die Grabrede hält Philipp Melanchthon: *Luther hat die wahre und notwendige Lehre wieder an den Tag gebracht. […] Er hat die Lehre des Paulus erklärt, die besagt, daß der Mensch durch den Glauben gerechtfertigt wird. […] Luther ist deshalb jener großartigen Schar ganz vorzüglicher Männer zuzurechnen, die Gott gesandt hat, daß sie die Kirche sammeln und erbauen.* (MDII, 159)

Bildnis des toten Martin Luther. Zeichnung von Lucas Furttenagel

Der Augsburger Religionsfriede

Schließlich sei das noch gesagt. Weil der Tod großer Männer den Nachkommen oft Strafe anzeigt, so beschwören wir euch […], daß ihr die Gefahren für die ganze Welt bedenkt. Da wüten die Türken von außen, hier drohen andere Feinde mit Kriegen im Inland. (MDII, 167)

In der Grabrede für Luther quälen den Mitstreiter Melanchthon dunkle Vorahnungen. Er weiß, wovon er spricht. Unheil braut sich über der Reformation in Deutschland zusammen: Karl V. hat Ruhe an den Grenzen seines Reichs, erhält vom Papst und von den Fuggern militärische und finanzielle

Unterstützung und rüstet gegen die Protestanten zum Krieg. Wenn er mit Melanchthon in Regensburg auch noch einmal Religionsgespräche führt, so diesmal nur, um zu täuschen. Melanchthon muss erleben, wie sich die Schlinge zusammenzieht: Der evangelische Herzog Moritz von Sachsen läuft zum Kaiser über, in der Hoffnung auf die Wiedervereinigung der beiden seit 1485 getrennten fürstlichen und herzoglichen Teile Sachsens unter seiner Führung als Kurfürst. Die protestantischen Heere werden im Schmalkaldischen Krieg (1546/47) zuerst an der Donau, dann an der Elbe, in der Schlacht von Mühlberg, vernichtend geschlagen. Karl V. nimmt die beiden politischen Köpfe der protestantischen Bewegung gefangen und zwingt den einen, Johann Friedrich von Sachsen, zum Verzicht auf Kurwürde und Herrschaft und den andern, Philipp von Hessen, zum demütigenden Fußfall. Dann erobert er Wittenberg, die Hauptstadt der Reformation, im Handstreich. Melanchthon hat sich aus der Stadt rechtzeitig abgesetzt. Jetzt ist der Kaiser Herr im Reich.

Melanchthons Arbeitszimmer in Wittenberg

Auf dem Reichstag von Augsburg, dem «Geharnischten», der von September 1547 bis Juni 1548, also ein Dreivierteljahr lang, tagt, versucht Kaiser Karl V., den militärischen in einen politischen Sieg zu verwandeln: Mit dem «Augsburger Interim» wird ein äußerer Kompromiss gefunden, der jedoch, von Laienkelch und Priesterehe abgesehen, einer weitgehenden Rekatholisierung des protestantischen Glaubens gleicht. Melanchthon kommt dem Kaiser in Verhandlungen weit entgegen, versucht zu retten, was zu retten ist, handelt sich dafür den Vorwurf des Verrats an der protestantischen Sache ein.

Die Streitigkeiten im eigenen Lager überschatten die letzten Jahre des Gelehrten. Wie immer ist er rastlos tätig, leitet mit Rat und Tat die Reformation in Wittenberg, in ganz Deutschland. Nach Luthers Tod ist er endgültig deren Haupt. Doch trennen nun Grabenkämpfe nicht nur die Deutschen von den Schweizern, vielmehr die Wittenberger untereinander.

Noch zu Melanchthons Lebzeiten brechen die beiden Richtungen seiner Anhänger, der Philippisten, und derjenigen Luthers, der Gnesiolutheraner, auseinander. Am Ende seines Lebens war Melanchthon, der gesprächsbereite Humanist, des Theologenzanks endgültig müde. Am 19. April 1560 stirbt er, kurz vor 19 Uhr, im Alter von 63 Jahren, zwei Monaten und drei Tagen, auf den Lippen eine Klage über die Streitsucht, die *Tollwut der Theologen* (*rabies theologorum*).

Er hätte nicht so enttäuscht sein müssen, denn er hat den Sieg der Reformation noch erlebt, er selbst bewirkte ihn mit, nicht nur die hohe Politik. Moritz von Sachsen hatte mit der Kurwürde und mit dem Gebiet des Kurfürstentums Sachsen einschließlich dessen Hauptstadt Wittenberg auch den Hass seiner protestantischen Untertanen auf sich gezogen. Spottlieder dichten sie und singen: «Moritz, du rechter Judas, was hast du getan!» (DG, 452) 1551 wechselt er erneut die Seiten, beginnt 1552 ein Geplänkel mit Karl V., nimmt bei der Erstürmung der Ehrenberger Klause zu Innsbruck den «in Hosen und Wams mit wenig Gesellen» flüchtenden Kaiser um ein Haar gefangen. Im Passauer Vertrag erzwingt er die Freilassung seines Vetters Johann Friedrich von Sachsen sowie seines Schwiegervaters Philipp von Hessen samt der Aufhebung des Augsburger Interims.

Jetzt schließt sich der Kreis. 1555, fünf Jahre vor Melanchthons Tod, kommt es auf einem neuen Reichstag in Augsburg, dort, wo Karl V. 25 Jahre zuvor die Vernichtung des Ketzertums

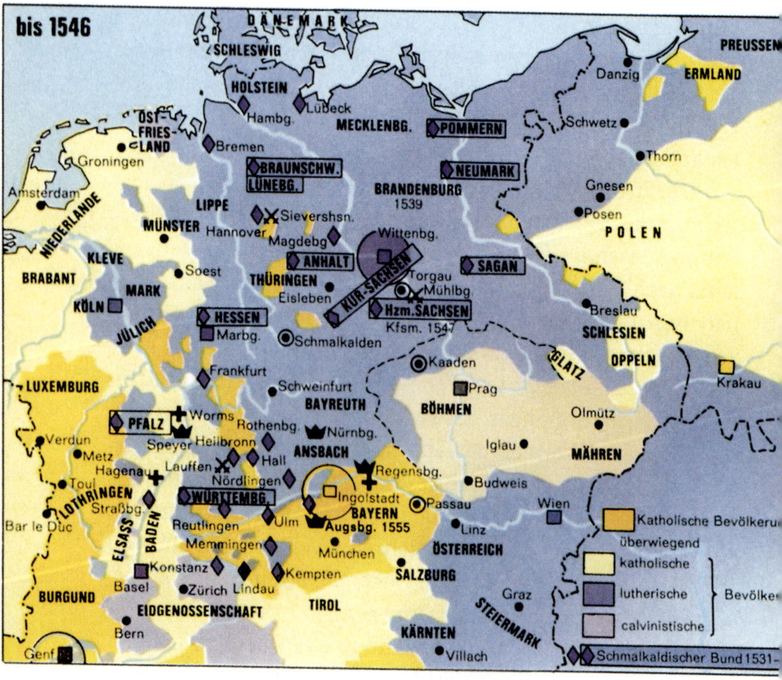

Vordringen der Reformation bis 1546

beschloss, zum Religionsfrieden, der über sechzig Jahre lang hält und den Bestand der Wittenberger Reformation endgültig sichert, nach dem Prinzip «Wessen das Gebiet, dessen die Konfession» («Cuius regio, eius religio»): «[Wir] setzen [fest], ordnen [an], wollen und gebieten, daß künftig niemand [...] um keinerlei Ursachen willen [...] den anderen befehden, bekriegen, berauben [...] soll.» (KQIII, 233) Die Pflicht, den allgemeinen «Landfrieden» einzuhalten, gilt für beide Seiten. Der Kaiser und die Anhänger der «alten Religion» müssen die Anhänger des Augsburger Bekenntnisses ihre Religion ausüben lassen. «Dagegen sollen die Stände, die der Augsburgischen Konfession zugehörig sind, jene Reichsstände, die der alten Religion anhängen, Geistliche oder Weltliche, ... gleicherweise bei ihrer Religion ... unbehelligt bleiben ... lassen.» (KQIII, 233) Nicht einbezogen in diesen Vertrag sind alle anderen religiösen Gruppen, darunter die Anhänger der Schweizer und der Täufer. «Doch sollen alle anderen, die den beiden genannten Religionen nicht anhängen, in diesem Frieden nicht gemeint, sondern gänzlich ausgeschlossen sein.» (KQIII, 233)

Die Religionsfreiheit bleibt noch in anderer Hinsicht rudimentär: Den jeweils andersgläubigen Untertanen bleibt nur die Wahl zwischen Konversion oder Emigration. Und auch für die Landesherren besteht im Kern nur die Sicherung des Status quo, sollen doch mit dem «Geistlichen Vorbehalt» («reservatum ecclesiasticum») alle geistlichen Fürsten, die die Konfession fortan wechseln, ihre Herrschaft verlieren. So ist die Reformation in Deutschland gesichert und gebremst zugleich.

Wegen der Lehre der Religion und des Glaubens des Augsburgischen Bekenntnisses sollen der Kaiser, der König Ferdinand und die übrigen Fürsten und Stände niemanden im ganzen Reich auf irgendeine Weise verletzen noch zum Aufgeben seiner Religion [...] durch Befehl oder auf irgendeine andere Weise zwingen [...].

Aus dem «Augsburger Religionsfrieden» von 1555 in der Formulierung des evangelischen Historikers Johann Sleidanus aus demselben Jahr

Beider Träume, der des Kaisers von einem geeinten christlichen Abendland, und der Melanchthons von einer einigen christlichen Kirche, gingen nicht in Erfüllung. Doch der protestantische Glaube blieb. 38 Jahre, eine Generation lang, dauerte die Reformation in Deutschland. Philipp Melanchthon war beinahe von Anfang an mit dabei. Er nahm die Fäden mehr und mehr in die Hand. Am Ende stehen Philipp Melanchthon und Karl V. einander gleichberechtigt gegenüber. Der gesprächsbereite Gelehrte hat über den machtbewussten Kaiser gesiegt.

So strahlt *Philipp Melanchthons letztes Gebet, das er auch ohnehin schon häufig gebrauchte,* Zuversicht aus und Lob: *Allmächtiger, ewiger Sohn Gottes, Herr Jesus Christus, Versöhner und Heiland [...], der du für uns gestorben und wieder auferstanden bist, ich danke dir von ganzem Herzen.* (MDII, 121)

«Ich bitte euch, nichts zu verändern» Johannes Calvin

All unsere Weisheit, sofern sie wirklich den Namen Weisheit verdient und wahr und zuverlässig ist, umfaßt im Grunde eigentlich zweierlei: Die Erkenntnis Gottes und unsere Selbsterkenntnis. Diese beiden aber hängen vielfältig zusammen [...].

Wenn unsere Gerechtigkeit auf die Werke gegründet wäre, müßte sie vor Gottes Angesicht gänzlich zuschanden werden; deshalb aber besteht sie tatsächlich allein in Gottes Erbarmen, allein in dem Teilhaben an Christus und darum allein im Glauben. (CI,1,518)

Die Zeit der knappen Thesen ist vorbei, ein theologisches Mammutwerk von über 1000 Seiten hat Hochkonjunktur: der *Unterricht in der christlichen Religion* (*Institutio Christianae religionis*), 1536 veröffentlicht von Johannes Calvin.

Auf einem späten Bildnis schaut er in der Seitenansicht streng geradeaus; die Nase ist lang und gerade, der spitz zulaufende Kinnbart schier endlos. Mit erhobenem Zeigefinger und halb geöffnetem Mund scheint er gerade dazu anzusetzen, etwas zu erläutern, zu erklären, vielleicht auch zu ermahnen, nachdrücklich, mit tiefen Falten um Mund und Wangen, doch milde zugleich, mit wachen und gütigen Augen. Sein Gesicht zeigt viele Facetten, geprägt von Strenge und Nachsicht, von Altersweisheit und kindlicher Aufmerksamkeit.

Jean Cauvin (latinisiert: Johannes Calvinus) ist der Nachzügler unter den Reformatoren. Anders als seine Vorgänger ist er in eine kirchliche Laufbahn gleichsam hineingeboren: Als Notar und Vermögensverwalter des Bistums Noyon war sein Vater bischöflicher Beamter. Mit zwölf Jahren erhält Jean seine erste kirchliche Pfründe, zum Theologiestudium ist er – nach göttlichem und väterlichem Willen – zuerst einmal vorherbestimmt. Doch ganz so einfach verlief seine Karriere nicht.

Johannes Calvin.
Zeitgenössisches
Bildnis

Am 10. Juli 1509 wird er als Kind des Gérard Cauvin und seiner Frau Jeanne Lefranc in Noyon, im Norden Frankreichs, in der Picardie, geboren. Er erhält eine gründliche Schulbildung. Der Vater, nicht ohne kritische Distanz zu seinem Arbeitgeber, ändert seine Meinung: Jurisprudenz soll der Sohn studieren, ganz wie der junge Martin Luther, verheißt diese Studienrichtung doch eine glänzende Karriere. Mit 14 zieht Jean zum Grundstudium nach Paris, beginnt mit 19 Jura in Orléans, wechselt nach Bourges, später wieder nach Paris, erwirbt mit 23 das juristische Lizenziat und mit 24 den Doktorgrad. Schon gegen Ende dieser Zeit, als eben der Vater gestorben ist, beginnt er mit humanistischen Studien und veröffentlicht 1533 eine erste Schrift, einen Kommentar zu Seneca.

Im selben Jahr wendet er sich plötzlich in einer «Bekehrung» (Konversion) der reformatorischen Theologie zu.

Obwohl es zuerst nicht leicht gewesen ist, daß ich aus diesem abgrundtiefen Kot herausgezogen würde, da ich dem Aberglauben des Papsttums so hartnäckig ergeben war, hat er [Gott] mein Herz […] durch eine plötzliche Bekehrung zur Gelehrigkeit gezwungen. (CR59, 21)

Calvin sieht sein bisheriges Leben in einem neuen Licht, erkennt seine Fehler, Schwächen und Sünden. Dies treibt ihn zur radikalen Umkehr. Wie damals bei Luther ist auch bei Calvin das Sündenbewusstsein Triebfeder, vielleicht nicht ganz so lang sein Kampf um Befreiung, möglicherweise führt er ihn mehr auf der intellektuellen als auf der moralischen Ebene. *Wie mein Herz so zur ernsthaften Aufmerksamkeit vorbereitet war, da wurde mir klar, als ob mir plötzlich ein Licht aufginge, in welchem Misthaufen von Irrtümern ich mich bisher herumgewälzt hatte, mit wieviel Schmutz und Schandflecken ich mich dabei beschmutzt hatte. Da tat ich, was meine Pflicht war: Vom Unglück, in das ich hinabgefallen war, und noch mehr, und zwar überaus heftig, von der Erkenntnis dessen bestürzt, was mir drohend bevorstand, dem ewigen Tode, hielt ich nichts für wichtiger, als mein früheres Leben mit Seufzen und Tränen zu verdammen und mich zu deinem Leben zu bekehren.* (CR35, 413)

Im folgenden Jahr 1534 zieht Calvin öffentlich Konsequenzen: Er verzichtet – wie damals Zwingli – auf die kirchlichen Pfründen, wendet sich ganz der Theologie zu, er, der nie ein reguläres Theologiestudium absolvierte. *Als ich so einen gewissen Geschmack an der wahren Frömmigkeit gefunden hatte, entbrannte ich in einem solchen Eifer, darin Fortschritte zu machen, daß ich die übrigen Studien, obwohl ich sie nicht ganz aufgab, doch viel nachlässiger betrieb. Noch war kein Jahr vergangen, als alle, die nach der reinen Lehre verlangten, immer wieder zu mir, dem Neuling und Anfänger, kamen, um zu lernen.* (CR59, 21)

Nun verändert sich Calvin auch räumlich, er verlässt Ende des Jahres Frankreich und lässt sich in Basel nieder. Dort entwickelt er seine eigene reformatorische Theologie, veröffentlicht 1536 sein Hauptwerk, das ihn mit einem Schlag berühmt macht, den *Unterricht in der christlichen Religion* (*Institutio Christianae religionis*).

Im selben Jahr noch geht Calvin auf Reisen in Italien, Frankreich und der Schweiz. In Genf überredet ihn Guillaume (Wilhelm) Farel, der zuvor Bern reformiert hatte, zum Bleiben. Gemeinsam versuchen die beiden, die Genfer Gemeinde zu erneuern in einem «reinen» Glauben, von Calvin 1537 im *Ersten Genfer Katechismus* zusammengefasst. Sie tun dies mit strengster Zucht: Eigens eingesetzte Aufsichtspersonen sollen alle Vergehen und Laster dem Pfarrer melden … Die rigorose Reform misslingt: Am 23. April 1538 weist der Rat die beiden Unbequemen aus der Stadt.

Dreieinhalb Jahre dauert die Unterbrechung der Arbeit in Genf. Calvin sieht diese Zeit stets als «Beurlaubung», zu deutlich spürt er seinen Auftrag. In der Zwischenzeit lebt er in Basel und Straßburg, veröffentlicht die zweite Ausgabe der *Institutio* und einen *Römerbriefkommentar*, nimmt teil an Religionsgesprächen, schließt Freundschaft mit Melanchthon, heiratet 1540 Idelette de Bure, die Witwe eines Täufers. Ein Sohn, der 1542 zur Welt kommt, bleibt nur kurze Zeit am Leben, sieben Jahre später stirbt Idelette.

Am 13. September 1541 kehrt Calvin nach Genf zurück, setzt den Reformationsprozess in Gang und bleibt der Stadt treu bis an sein Ende.

Nun wird in der Stadtrepublik mit eigener Regierung und Gesetzgebung eine reformatorische Theokratie errichtet, bei der die Kirche den Staat dominiert.

Die Leitung der Kirche ist nach biblischem Vorbild in vier Ämter gegliedert, Pastoren, Lehrer, Älteste und Diakone, mit einem Bischof an der Spitze.

Jede Woche kommen die Pfarrer (pasteurs), denen der Sonntagsgottesdienst mit Predigt und die Verwaltung der Sakramente obliegt, zur Schriftauslegung zusammen. Die Lehrer (docteurs) sind für den Unterricht zuständig und, seit Gründung der Genfer Akademie im Jahr 1559, für die Ausbildung der angehenden Theologen. Die Ältesten (anciens), zwölf an der Zahl, sind charakteristisch für die Genfer Reformation. Der Rat

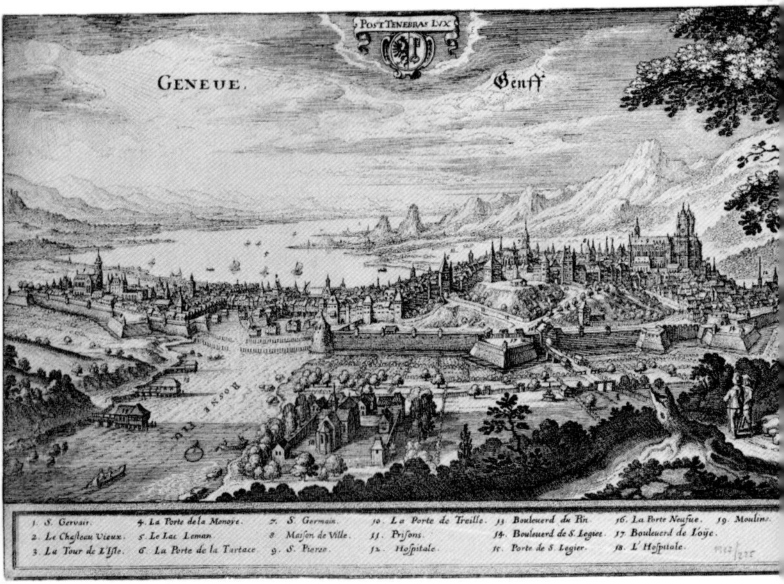

Stadtansicht von Genf

wählt und ernennt sie aus seiner Mitte. Einmal wöchentlich treten sie, gemeinsam mit den Pfarrern, zum Konsistorium (consistoire) zusammen. Dessen Aufgabe ist die Überwachung der Sittenzucht in der Gemeinde, deren Regeln Calvin in den *Ordonnances ecclésiastiques* niedergelegt hat. Jedes Vorgehen wird angezeigt und bestraft, auch das kleinste. Da gilt kein Ansehen der Person, jeden trifft das Urteil, auch den vornehmsten Bürger. Und die Liste kann lang sein: Im Haus des Stadthauptmanns Perrin ist getanzt worden, alle, die am weltlichen Vergnügen teilnahmen, werden ins Gefängnis gesteckt. Noch schlimmer ergeht es Gruet: Als man auf der Kanzel einer Kirche einen Zettel mit Schmäh- und Drohworten findet, fällt der Verdacht auf ihn. Und richtig, in seinem Haus fördert man verdächtige Schriften zutage. Unter der Folter bekennt er sich als Ketzer … Also: kurzer Prozess, Urteil: Tod durch das Schwert! Der Härte in der Sittenfrage steht die Fürsorge für die Armen und Kranken gegenüber. Für deren Bedürfnisse sind die Diakone zuständig. Alle Glieder der Gemeinde sind versorgt.

Die Genfer Reformation ist kein einfacher und geradliniger Prozess, sondern ein Kampf, wie sich Calvin noch auf dem Sterbebett deutlich erinnert: *Ich habe hier unter erstaunlichen Kämpfen mein Leben verbracht.* (CS2, 297) Eine Auseinandersetzung, die vierzehn Jahre lang dauert. Erst 1555 fallen alle vier Bürgermeisterposten an die Getreuen Calvins.

Der Kampf geht bis aufs Blut im Prozess gegen Servet.

Der Spanier Miguel Servet, ein bekannter Arzt, Entdecker des kleinen Blutkreislaufes des Menschen, zugleich ein bedeutender Humanist und Theologe, leugnete in seinem Werk «Über die Irrtümer der Trinität» (1531) die traditionelle kirchliche Lehre von der Dreieinigkeit: «An sich ist Gott nämlich unbegreiflich. Du kannst ihn dir nicht vorstellen, ihn nicht erkennen und ergründen, wenn du nicht irgendein Antlitz von ihm ins Auge faßt. Gerade das aber ist das Ebenbild Christus und die Person des Wortes, denn dieses Person gewordene Wort, diese Person Christi [...], die bei Gott war, war Gott selber. [...] Und die andern Vorstellungen von unteilbaren Wesen, derer sich die Sophisten brüsten, sind nichts.» (LF, 363) Diese Auffassung ist Grund genug, Servet als «Antitrinitarier» am 27. Oktober 1553 auf dem Scheiterhaufen zu verbrennen.

Auch Genf hat also seine Dissidenten, seine Radikalen, wie Luther den Müntzer samt den Bauern und Zwingli Hubmaier mit den Täufern. Calvin beteiligt sich wie seine Vorgänger an einer protestantischen Inquisition, an der Liquidierung der Andersdenkenden mit guten theologischen Argumenten: Er habe die Pflicht, schreibt er, *diesen mehr als hartnäckigen und ungebärdigen Menschen unschädlich zu machen, um die Ehre des Namens Gottes zu rächen [...], damit nicht jeder Gottlose seine Lästerungen ungestraft ausstoßen darf* (CR42, 615). Auch aus staatspolitischen Gründen: *Ich verteidige nicht meine Sache, sondern die des Staates, um die es ohne mich geschehen ist.* Und die Härte paart sich mit dem subjektiven Gefühl von Güte und Nachsicht: *Ich erhoffe auf jeden Fall ein Todesurteil; aber mein Wunsch ist es, daß die Grausamkeit des Strafvollzugs gemildert wird.* (CR42, 590)

Feinde hat Calvin nicht nur in Genf, Feinde hat er auch in Deutschland: eben jenen Martin Luther, dessen Schüler er ist, von dem er sich aber immer deutlicher abgrenzt, vor allem in der Frage des Abendmahls. Wie Zwingli kann Calvin über Luthers Ansicht, Christus sei in Brot und Wein wirklich und leibhaftig präsent, nur spotten, über diesen einfältigen *Glauben an den Gott im Brote.* Zwischen der deutschen und der schweizerischen Reformation klafft ein Schisma.

Johannes Calvin besaß eine ungeheure Schaffenskraft. Jahr für Jahr hält er an die 200 Predigten und ebenso viele Bibelstunden und Vorlesungen. Er führt einen umfangreichen Briefwechsel, diktiert schnell und viel, veröffentlicht zu nahezu allen Büchern der Bibel einen Kommentar, verfasst zahlreiche weitere Schriften, Katechismen, Gottesdienstordnungen, theologische Abhandlungen. Sein Hauptwerk, die *Institutio*, erlebte mehrere Auflagen und Überarbeitungen. Gegen Ende seines Lebens erreicht die Zahl der in Genf erscheinenden Neuveröffentlichungen mit jährlich 50 Werken einen Höhepunkt.

Auch politisch mischt sich Calvin ein, nicht nur in der Stadtrepublik Genf, vielmehr nimmt er Kontakt auf mit den gekrönten Häuptern Europas. Die *Institutio* enthält eine Vorrede an König Franz I., ihr Anliegen ist die Verteidigung der in Frankreich verfolgten Evangelischen. 1543 schreibt Calvin einen Brief an den deutschen Kaiser Karl V., legt ihm die Sorge um die Kirche und deren Erneuerung ans Herz, will ihn auf die Seite der Reformation ziehen: *Denkt zuerst an den schreckenerregenden, jämmerlichen Zustand der Kirche, der selbst steinerne Herzen zum Mitleid erweichen könnte […] Aber das sage ich: Wenn Ihr noch ein wenig zaudert, so haben wir bald in Deutschland überhaupt keine Institution einer Kirche mehr.* (CR34, 532)

Das immense Arbeitspensum bestreitet ein schwacher Körper. Häufig leidet Calvin an Schlaflosigkeit und Kopfweh, wird ständig von Schmerzen gequält, arbeitet dennoch Tag und Nacht weiter, um *nicht durch Müßiggang zu verrosten.* Dann kommt eine schwere Atemwegserkrankung hinzu, offenbar eine Tuberkulose, die ihn verzehrt. Am 27. Mai 1564 ist die Lebenskraft des Vierundfünfzigjährigen erschöpft.

Johannes Calvin hat ein enormes Lebenswerk hinterlassen. Die Reformation in Genf ist gefestigt, nach allen Seiten hin ausgebaut: in staatlich-kirchlicher Ordnung, Sittenzucht, theologischer Lehre und Bildung. Doch damit bei weitem nicht genug: Die Schweizer Reformation, in der ersten, der Zürcher Fassung 1531 in der Schlacht bei Kappel kläglich gescheitert, dringt nun, in einer zweiten Welle, von Genf aus hinaus in die Welt. Zuerst in die Niederlande, dann nach Schottland und Frankreich, nach Deutschland, besonders in die Pfalz, in den Osten Europas, schließlich um den gesamten Erdball. Mit den Zwinglianern kommt 1549 in der «Zürcher Übereinkunft» («Consensus Tigurinus») eine Einigung und Verbindung zustande, aus der die reformierte Kirche entsteht. Neben dem Luthertum steigt der Calvinismus in der Folgezeit zur zweiten großen Strömung des Protestantismus auf, ja, streng genommen zur dominierenden, dynamischer und globaler. Die Genfer Akademie avanciert zur führenden Bildungsstätte des Protestantismus, Genf wird zum Zentrum der weltweiten, reformierten Christenheit. Theodor Beza, Rektor der Genfer Akademie, Calvins engster Mitarbeiter, führt als sein Nachfolger das Reformationswerk von Genf aus fort.

Als Jean Calvin am Ort seines Lebenswerks, geschwächt am Körper, jedoch im Geist ungebrochen, stirbt, hält er noch eine *Abschiedsrede an die Mitglieder des Kleinen Rats*, eine weitere *an die Pfarrer*. Hier formuliert er sein Vermächtnis: *Ich bitte Euch auch, nichts zu verändern oder Neues einzuführen […]. Nicht als ob ich das aus Ehrgeiz um meinetwillen wünsche, damit meine Einrichtungen fortbestehen und man sie beibehält, ohne etwas Besseres anzustreben, sondern deshalb, weil alle Änderungen gefährlich sind und bisweilen Schaden anrichten.* (CS2, 301)

Er [Calvin] hatte nicht nur einen schwachen, mageren und zur Schwindsucht neigenden Körper, sondern wachte oft die Nacht durch und verbrachte einen großen Teil der Jahre mit Predigen, Unterrichten und Diktieren. Etwa zehn Jahre lang enthielt er sich des Frühstücks, so daß er im allgemeinen außer während der festgesetzten Stunde des Mittagessens keine Speise zu sich nahm […].

Ein Chronist über Calvins Lebensgewohnheiten; aus dem «Corpus Reformatorum»

«Der heißt mit Recht ein Theologe...»

Rechtfertigung und Glaube

Nun freut euch, lieben Christen gemein [...]
Dem Teufel ich gefangen lag.
Im Tod war ich verloren:
Mein Sünd mich quälet Nacht und Tag.
Darin ich war geboren; [...]
Mein guten Werk, die galten nicht,
Es war mit ihn verdorben,
Der frei Will hasset Gotts Gericht.
Er war zum Gut erstorben. [...]
Da jammert Gott in Ewigkeit
Mein Elend übermaßen,
Er dacht an sein Barmherzigkeit.
Er wollt mir helfen lassen. [...]
Der Sohn dem Vater ghorsam ward,
Er kam zu mir auf Erden [...]
Er sprach zu mir: «Halt dich an mich [...]
Uns soll der Feind nicht scheiden.»
Vergießen wird er mir mein Blut,
Dazu mein Leben rauben,
Das leid ich alles dir zugut.
Das halt mit festem Glauben. [...]
Da bist du selig worden. (LW 3, 328 f.)

Mit diesem Kirchenlied dichtet Martin Luther ein höchst bewegtes Drama in drei Akten. Auf Gottes Erschaffung der Welt folgt der Sündenfall des Menschen, Ursprung einer teuflischen Verkettung: Die «Erbsünde» wird weitergegeben von Geschlecht zu Geschlecht. Kein Entrinnen ist möglich, nur Verzweiflung und Tod. Dann aber nimmt Gott, in Gestalt seines

Sohnes, Sünde und Strafe auf sich und errettet dadurch den Menschen. Die Rechtfertigung des Sünders aus Gnade allein (sola gratia) ist Kerngedanke der reformatorischen Theologie, Grunderfahrung aller Reformatoren in einer Zeit, die, von Sündenbewusstsein geplagt, auf Erlösung hofft. Luther fasst diesen Gedanken im Kirchenlied narrativ, erzählt ihn als eigene Lebensgeschichte, zugleich als Errettungsgeschichte aller Glaubenden. Abstrakter formuliert im *Augsburger Bekenntnis* Philipp Melanchthon:

Weiter wird bei uns gelehrt, daß nach Adams Fall (1. Mose 3) alle natürlich geborenen Menschen in Sünde empfangen und geboren werden [...].

Ebenso wird gelehrt, daß Gott der Sohn Mensch geworden ist, [...] ein Opfer nicht nur für die Erbsünde, sondern auch für alle anderen Sünden und hat Gottes Zorn versöhnt [...]. (CA, 24)

Martin Luther stellte die Rechtfertigungslehre ins Zentrum aller theologischen Überlegungen: *Der Artikel von der Rechtfertigung ist der Lehrer und Fürst über alle Arten von Lehre und regiert jedes Gewissen und die Kirche.* (WA39/1, 205)

Dem schließen sich die Schweizer Reformatoren an, Calvin in der *Institutio*: *Unser ganzes Heil, alles, was dazu gehört, ist allein in Christus beschlossen [...]. Deshalb dürfen wir auch nicht das geringste Stücklein anderswoher ableiten. Suchen wir das Heil, so sagt uns schon der Name Jesus: es liegt bei ihm!* (CI, 329) «Solus Christus» – «Christus allein» ist das Motto der Reformation.

Dem entspricht auf der Seite des Menschen: «Sola fide» – «Aus Glauben allein» – ohne gute Werke, ohne menschliche Vorleistung, wie Luther wieder und wieder betont: *Hier ist fleißig zu merken und ja mit Ernst zu behalten, daß allein der Glaube ohne alle Werke fromm, frei und selig machet [...].* (LW2, 271) So fundamental wichtig scheint ihm der Gedanke, dass er bei der Übersetzung der einschlägigen Römerbriefstelle (Römer 3,28) das Wörtchen

Das Wort Evangelium ist griechisch und heißt auf Deutsch: «eine fröhliche Botschaft», darum, daß darinnen verkündigt wird die heilsame Lehre des Lebens von göttlichen Zusagungen und angeboten wird die Gnade und Vergebung der Sünde.

Martin Luther, Evangelienpredigt aus der «Kirchenpostille», 1522

«allein» einfügt und sich damit dem Vorwurf der Textfälschung aussetzt, gegen den er sich dann zur Wehr setzt: *Wahr ists: Diese vier Buchstaben, sola, stehen nicht drinnen, welche Buchstaben die Eselsköpfe ansehen, wie die Kühe ein neues Tor. Sehen aber nicht, daß [es] gleichwohl die Meinung des Textes in sich hat, und wo mans will klar und gewaltiglich verdeutschen, so gehöret es hinein.* (LW6, 13)

Der «Glaube», das ist für den emotionalen Luther vor allem Vertrauen auf Gottes Gnade, für den intellektuellen Melanchthon und die Schweizer daneben rationale Gotteserkenntnis. Luther warnt jedoch zugleich davor, die Rechtfertigung aus Glauben allein als Ausrede für die eigene Bequemlichkeit zu missbrauchen, *guter Dinge [zu] sein und nichts [zu] tun. Nein, lieber Mensch, nicht also! […] Obwohl der Mensch inwendig nach der Seele durch den Glauben genugsam rechtfertigt ist […], so bleibt er doch noch in diesem leiblichen Leben auf Erden und muß seinen eigenen Leib regieren und mit Leuten umgehen. Da heben sich nun die Werke an.* (LW2, 278)

Wie erfährt nun der Mensch von der Rechtfertigung, wie entsteht der Glaube? Martin Luther antwortet: durch Gottes Wort, die Heilige Schrift (solo verbo, sola scriptura). Er beruft

Lucas Cranach d. Ä. und Lucas Cranach d. J.: Luther predigt vor dem Kruzifix, links seine Frau und Sohn Hans. Mittelteil der Predella des Reformationsaltars in der Stadtkirche Wittenberg, 1547–52

sich in Worms, vor dem Kaiser, auf Gottes Wort, gegen die Tradition. In der Bibel, hier und nur hier, offenbart sich der heilige Gott. Deshalb übersetzt er die Heilige Schrift. Darum erscheint in Zürich 1531, im Todesjahr Zwinglis, die erste vollständige Bibelübersetzung der Reformation im Druck. Die Verkündigung des Evangeliums steht im Zentrum des reformatorischen Gottesdienstes, ja der Theologie insgesamt.

In der Konzentration auf die im Neuen Testament bezeugte Erlösungstat Christi, auf Gottes Gnade und den Glauben des Menschen liegt der Kern der reformatorischen Theologie.

Die evangelische Theologie wird während der Aufbruchszeit in Thesenreihen pointiert formuliert, im weiten Spektrum der Wittenberger, der radikalen, der schweizerischen und der täuferischen Reformation. Geschichtswirksam wird sie dokumentiert in Melanchthons *Confessio Augustana* (1530) für Deutschland und Bullingers *Helvetischem Bekenntnis* (1536/1566) für die Schweiz. Ausformuliert liegt sie vor in Melanchthons *Loci communes* (1521), Zwinglis *Kommentar über die wahre und falsche Religion* (1525) samt seiner *Erklärung des christlichen Glaubens* (1531) und schließlich in Calvins *Institutio* (1536). Luther allerdings stellte seine Theologie in keinem wissenschaftlichen Werk im Zusammenhang oder gar vollständig dar, er schrieb in der aktuellen Situation.

Die reformatorische Theologie ist nicht ganz neu, will gar nicht neuartig sein, sondern beruft sich auf die Schrift, auf Jesus und Paulus, sowie auf die Kirchenväter, besonders auf Augustinus. Seine Lebensgeschichte, in den «Bekenntnissen» («Confessiones») erzählt, wird bei der unter den Reformatoren beliebten Deutung des eigenen Lebenswegs als «Bekehrungsgeschichte» Pate gestanden sein, ebenso das Damaskuserlebnis des Paulus. Ähnliches gilt für die Theologie, die Konzentration auf Gottes Gnade und den Glauben des Menschen.

In der Rechtfertigung des Sünders durch den Glauben sind sich alle Reformatoren einig, doch der linke Flügel verwirft Luthers eigenmächtige Hinzufügung des Wörtchens «allein». Etwa Müntzer in seiner *Protestation*: *Wenn man sagt, Christus hat es alles allein ausgerichtet, ist das viel, viel zu kurz. […] Wie möchtest du dann seinen Fußstapfen nachfolgen? Ich glaube, auf einem guten warmen kalten Pelz oder auf einem Seidenkissen.* (MS, 46) Zur Rechtfertigung tritt für Müntzer die Nachfolge, *ein gar enger Weg*, der ins Leiden, in die Läuterung führt: *Nein, lieber Mensch, du mußt erdulden und wissen, wie dir Gott selber das Unkraut, die Disteln und Dornen aus deinem fruchtbaren Lande (das ist aus deinem Herzen) reutet […] Wenn du auch schon die Bibel gefressen hättest, es hilft dir nichts, du mußt die scharfe Pflugschar erleiden.* (MS, 46)

Nach innen zeigt sich die Nachfolge Christi in der Läuterung, nach außen in guten Werken, wie der «Spiritualist» Sebastian Franck in einem Gedicht formuliert:

«Ich will und mag nicht luthrisch sein: / Ist Trug und Schein /
sein Freiheit, die er lehret. / An Gottes Haus sie nur abbricht
und bauet nicht. Das Volk wird mehr verkehret. /
Er lehrt: ‹Glaub! Glaub! / Macht damit taub’
und werklos Leut. Am Tag liegt's heut: /
Kein Besserung man höret.» (LF, 247)

Der Isenheimer Altar von Grünewald. Mitteltafel
mit der Beweinung Christi, 1512–16.
Links Maria mit Johannes dem Evangelisten,
kniend Maria Magdalena, rechts Johannes der Täufer

Die Kritik am Diktum «Allein die Heilige Schrift» formuliert wiederum Thomas Müntzer in einem Brief an Philipp Melanchthon: *Ich mißbillige aber dies, [daß] Ihr den Mund des Herrn als stumm anbetet […]. Seht: aus dem Munde Gottes kommt [das Wort Gottes] und nicht aus Büchern […] O Ihr Lieben, richtet Euer Trachten darauf, aus Eingebung zu sprechen, sonst wird Eure Theologie keinen Heller wert sein.* (MS, 169 f.) Gott offenbarte sich nicht nur zu biblischen Zeiten, durch seinen Geist redet er noch heute, in den Herzen der Gläubigen: *Wenn einer nun sein Leben lang die Bibel weder gehört noch gesehen hat, könnte er wohl aus sich heraus durch die richtige Lehre des Geistes einen unbetrüglichen Christenglauben haben, wie alle, die ihn gehabt haben, die ohne alle Bücher die Heilige Schrift aufgeschrieben haben.* (MS, 93)

Dem *unerfahrenen Glauben* der *Buchstabengelehrten*, die Gott zum *gemalten Männlein* gemacht haben und den Geist Gottes zu einem *Spottvogel der Gottlosen*, stellt Müntzer, der *keinen stummen, sondern einen redenden Gott anbeten* will, den lebendigen, geistgewirkten Glauben gegenüber, der den Menschen ganz und tief ergreift: *Aber Gottes Wort, das durch Herz, Hirn, Haut, Haar, Gebein, Mark, Saft, Macht, Kraft durchdringet, darf wohl anders einhertraben, als unsere närrischen hodensäckischen Doctores lallen.* (MS, 19)

Gott und Mensch

Daß Gott den Menschen so geschaffen hat, daß er fallen würde, erfüllt viele mit Verwunderung […]. (ZSIV, 262) Warum, so fragt Zwingli, lässt Gott die Sünde, das Böse auf Erden zu? Warum, so fragen alle Reformatoren, rechtfertigt er nicht jeden Menschen, warum trifft seine Gnade eine Auswahl? Wir variieren heute das Problem: Warum lässt Gott das Leid auf Erden zu? Die Frage nach der Rechtfertigung (des Menschen) kehrt sich auf überraschende Weise um, wird zur Frage nach der Rechtfertigung eines allmächtigen, gütigen Schöpfergottes angesichts des Schlimmen auf der Welt (Theodizee).

Martin Luther lässt diese Frage unbeantwortet, verweist auf die verborgene, rätselhafte Seite Gottes («deus absconditus»), der uns nur in seinem Erbarmen seine verständliche, geoffenbarte Seite enthüllt («deus revelatus»). *Nicht der heißt mit Recht ein Theologe, der Gottes unsichtbares Wesen durch seine Werke wahrnimmt und versteht […], sondern der heißt mit Recht ein Theologe, der das, was von Gottes Wesen sichtbar und der Welt zugewandt ist, als im Leiden und im Kreuz dargestellt, begreift.* (LW1, 133) Das Kreuz Christi weist auf Gottes Zuwendung zum Menschen, auf seine unbegreifliche Gnade, *denn Gott ist ein gluhender Backofen voller Liebe, der da reichet von der Erden bis an den Himmel* (LW4, 54).

Huldrych Zwingli schlägt sich dagegen in einer umfangreichen Schrift mit der Frage der *Vorsehung* Gottes herum. Ihm, dem klaren, humanistisch geschulten Denker, genügt der Hinweis auf das Rätsel nicht: *Falls die Gottheit ist (und sie muß sein:*

Die Erschaffung der Welt.
Titelholzschnitt von Lucas Cranach d. Ä.
zur ersten Vollbibel in Luthers Übersetzung,
Wittenberg 1534

denn ein einziges ist der Anfang aller Dinge – das, was wir Gott nennen), dann muß auch die Vorsehung sein. Diese Gottheit aber muß ein verständiges Prinzip sein, gut und mächtig. […] Also ist der Weg offen, auf diese Weise aufzusteigen und von unserem Verstand zur Gottheit zu gelangen, weil dann, wenn wir sie erfaßt haben, zugleich auch die Vorsehung erkannt ist. (ZSIV, 266, 278) Mehr sagt auch Zwingli nicht.

Anders Calvin, der in seiner *Institutio* eine ausgeprägte «Prädestinationslehre» entwickelt: eine doppelte Vorherbestimmung, einmal zum Heil, das andere Mal zum Verderben. Und dennoch ist Gott gut, liebt er die Menschen: *Dieser Ratschluß ist, das behaupten wir, hinsichtlich der Erwählten auf Gottes unverdientes Erbarmen begründet, ohne jede Rücksicht auf menschliche Würdigkeit. Den Menschen aber, die er der Verdammnis überantwortet, denen schließt er nach seinem zwar gerechten und unwiderruflichen, aber unbegreiflichen Gericht den Zugang zum Leben zu!* (CI, 622)

Gott hat in seinem ewigen und unwandelbaren Ratschluß einmal festgestellt, welche er einst zum Heil annehmen und welche er andererseits dem Verderben anheimgeben will.

Johannes Calvin: Institutio

Einheitlicher als die Vorstellung über Gott und seine Erwählung ist das Menschenbild der Reformatoren. *Vom freien Willen wird gelehrt, daß der Mensch in gewissem Maße einen freien Willen hat: Er kann äußerlich ein ordentliches Leben führen und in Angelegenheiten, die der Vernunft zugänglich sind, frei entscheiden. Aber ohne Gnade, Hilfe und Wirkung des Heiligen Geistes kann der Mensch Gott nicht gefallen, ihn nicht von Herzen fürchten oder an ihn glauben, auch nicht die angeborene Lust zum Bösen aus dem Herzen reißen […]. Denn so spricht Paulus 1. Korinther 2,14: «Der natürliche Mensch aber nimmt nichts an, was vom Geist Gottes kommt.»* (CA, 32)

So formuliert Melanchthon im *Augsburger Bekenntnis.* Gott allein wirkt das Heil, nicht der Mensch. Jeder Gedanke an eine Selbsterlösung, an eine Mitwirkung des Menschen ist ausgeschlossen. Durch den Sündenfall ist der Mensch Sünde und Satan mit Haut und Haar verfallen. In dieser pessimistischen Anthropologie sind sich die Reformatoren einig: Auch für Calvin ist das menschliche Herz *dermaßen vom Gift der Sünde durchdrungen, daß es nur noch verweslichen Gestank von sich geben kann* (CI, 199).

In seiner Schrift *Vom unfreien Willen* ist der Mensch für Luther *ein gefangener unterwürfiger Sklave entweder vom Willen Gottes oder vom Willen Satans.* In einem Bild ausgedrückt: *So ist der menschliche Wille in der Mitte hingestellt wie ein Lasttier: wenn Gott darauf sitzt, will er und geht, wohin Gott will […]. Wenn der Satan darauf sitzt, will er und geht, wohin Satan will. Und es liegt nicht in seiner freien Wahl, zu einem von beiden Reitern zu laufen und ihn zu suchen. Sondern die Reiter selbst kämpfen darum, ihn festzuhalten und in Besitz zu nehmen.* (LWE1, 46 f.) Nicht nur theologische, sondern auch existenzielle Argumente sprechen für Luther gegen die Willensfreiheit des Menschen. Besser ganz von Gott und seiner Gnade abhängig sein als vom eigenen Können oder Wollen: *Ich bekenne freilich von mir: Wenn es irgend geschehen könnte, wollte ich nicht, daß mir der freie Wille gegeben wird […]; denn mein Gewissen wird, wenn ich auch ewig leben und Werke tun würde, niemals gewiß und sicher sein, wieviel es tun müßte, um Gott genug zu tun. Denn bei jedem vollbrachten Werk bliebe der ängstliche*

Der Sündenfall. Deckenfresko von Michelangelo in der Sixtinischen Kapelle, Rom, um 1510

Zweifel zurück, ob es Gott gefalle oder ob er etwas darüber hinaus verlange, so wie es die Erfahrung aller Werkgerechten beweist und ich zu meinem Unglück so viele Jahre hindurch genügend gelernt habe. (LWE 1, 243)

Kirche und Christsein

Denn alle Christen sind wahrhaft geistlichen Standes, und ist unter ihnen kein Unterschied denn des Amts halben allein […]: das macht alles, daß wir e i n e Taufe, e i n Evangelium, e i n e n Glauben haben und sind gleiche Christen […]. Demnach so werden wir allesamt durch die Taufe zu Priestern geweihet [und sind] wahrhaftige Priester, Bischöfe und Päpste. (LW 2, 87 f.) Die Lehre vom *Priestertum aller Gläubigen* entwickelt Luther 1520 in seiner *Adelsschrift*. Sein Kampf gilt der katholischen Kleriker- und Papstkirche, ihrem Autoritarismus und ihrem Anspruch, als Heilsvermittlerin unverzichtbar zu sein. Für ihn vollzieht sich das Heilsgeschehen zwischen Gott und Mensch, vermittelt einzig und allein durch Christi Erlösung am Kreuz. So hat in der Kirche, der Gemeinschaft der Glaubenden, jeder denselben «Stand», ob Kleriker oder Laie. In einem Gedankenexperiment stellt sich Luther eine Gruppe gefangener Christen vor, die, in eine Wüstenei verbannt, einen aus ihren Reihen zum Priester wählt. Weil der prinzipielle Unterschied zwischen Geistlichen und Laien aufgehoben wird, schafft der Protestantismus den Zölibat der Priester und das mönchische Leben im Kloster ab.

Siehe, also hat und übt ein jeglicher Christ solcher Priester Werk. Aber über das ist nun das [all]gemeine Amt [gesetzt], so die Lehre öffentlich führet und treibt, dazu gehören Pfarrherrn und Prediger […]. (WA 41, 213 f.) Diese Worte aus einer Psalmenpredigt Luthers aus dem Jahr 1535 klingen anders. Die institutionenkritischen Äußerungen der reformatorischen Frühzeit, geprägt von Aufbruch- und Endzeitstimmung, sind einer neuen Ordnungsliebe gewichen. Der Glaube braucht feste Formen, er bedarf der Institutionalisierung.

Die Reformatoren haben sich ausführlich zur Kirche als Institution geäußert. Lapidar definiert Melanchthon: *Die Kirche Got-*

tes ist […] eine Versammlung von Menschen, die das Evangelium aufnehmen. (MDII, 236) Dazu führt Calvin aus: *Die anschaubare Gestalt der Kirche […] taucht empor, so daß sie für unsere Augen sichtbar ist. Denn überall, wo wir wahrnehmen, daß Gottes Wort lauter gepredigt und gehört wird und die Sakramente nach der Einsetzung Christi verwaltet werden, läßt sich auf keinerlei Weise daran zweifeln, daß wir eine Kirche Gottes vor uns haben.* (CI, 691) Luther schließlich zählt in der Schrift *Von den Konziliis und Kirchen* sieben Merkmale auf, an denen man die wahre Kirche erkennt: am *Gotteswort*, am Sakrament der *Taufe*, an dem des *Abendmahls*, an der *Kirchenzucht*, an den *Ämtern* von *Bischof* und *Pfarrern*, am *Gebet* und schließlich an *allerlei Anfechtung und Verfolgung.* (LWE7)

Unter tausend Getauften ist kaum ein rechter Christ. […] Ein Christ ist ein seltener Vogel.

Martin Luther, 1526

Im Zentrum des Lebens der Kirche steht der Gottesdienst, bei diesem wiederum die Predigt, um die sich Lieder, Gebete und Abendmahl gruppieren. *Wo das Wort ist, ist das Paradies* (WA43, 673), sagte Luther und predigte Sonntag für Sonntag. Mit der *Kirchenpostille* schuf er eine Sammlung von «Musterpredigten», mit der *Deutschen Messe* die Grundlage des lutherischen Gottesdienstes, mit dem *Wittenberger Gesangbuch* den Typus eines Liederbuchs für die Gemeinde. Luther war ein begeisterter Musiker, der gerne sang und die Laute spielte; zahlreiche Kirchenlieder dichtete und vertonte er selbst, etwa *Ein feste Burg ist unser Gott.*

In der *Genfer Gottesdienstordnung* von 1542 legt Calvin neben Predigt, Abendmahl und Gebet großen Wert auf den Psalmengesang, der zur Verherrlichung Gottes dient.

Wichtig ist das öffentliche und persönliche Gebet. *Das Opfer des Lobpreises und der Danksagung kann nie und nimmer eine Unterbrechung erfahren, ohne daß wir dadurch Sünde auf uns laden,* schreibt Calvin. (CI, 591)

Und Luther, der selbst ein *Gebetbüchlein* verfasst hat, fügt hinzu: *Und nächst dem Predigtamt ist das Gebet das höchste Amt in der Christenheit. Im Predigtamt spricht Gott mit uns. Im Gebet dagegen spreche ich mit ihm.* (WA34/1, 395)

Die Mehrheit der Reformatoren versteht die Kirche wie der Katholizismus als Volkskirche. Jeder, der als Kind getauft wird, gehört dazu, und alle Säuglinge werden getauft. Doch nicht jeder Getaufte ist gläubig, da bleibt Luther realistisch, denn die einfachen Leute *leben dahin wie das liebe Vieh und unvernünftige Säue* (LW3, 167). Was also tun mit den Sündern unter den Christen?

Martin Luther verweist auf die Bedeutung von Beichte und Buße in der Kirche und auf die weltliche Gerichtsbarkeit. Doch wird das Evangelium nicht engstirnig moralistisch ausgelegt. Raum bleibt für weltliche Freuden. Die Wittenberger Reformatoren waren dem irdischen Leben nicht abgeneigt, so sehr sie auf das himmlische hofften. Luther, kein Kostverächter, meldet seiner Frau in einem Brief stolz: *Meiner herzlieben Käthe, Doktorin Lutherin und Frauen auf dem neuen Saumarkt [...]; ich fresse wie ein Böhme und saufe wie ein Deutscher, das sei Gott gedankt. Amen.* (LD10, 288f.) Und Melanchthon, der arbeitswütige Gelehrte, verfasst am Rande eines hochoffiziellen Religionsgesprächs das Epigramm: *Weintrinken mit Maß und ein liebliches Mädchen genießen: das ist, in Gemeinschaft mit Gottesfurcht, das süßeste Leben.* (ML, 194)

Ganz anders in Genf. Hier setzt Calvin eine strenge Kirchenzucht durch, bei der geistliche Inquisition und weltliche Sanktion Hand in Hand gehen. Überwacht wird selbst der private Bereich, etwa die häusliche Lektüre. Alle Vergnügungen sind verpönt, Tanz ebenso wie Theater. Kinder, die während des Gottesdienstes auf der Straße lärmen, werden kurzerhand arrestiert. Alles geschieht nicht zur Unterdrückung der Menschen, sondern zur Verherrlichung der Majestät Gottes – und zur Aufrechterhaltung der Kirche: *Wie also die heilbringende Lehre Christi die Seele der Kirche ist, so steht die Zucht in der Kirche an der Stelle der Sehnen: sie bewirkt, daß die Glieder des Leibes, jedes an seinem Platz, miteinander verbunden leben. Jeder also, der da begehrt, die Zucht sollte abgeschafft werden [...], der sucht [...] unzweifelhaft die völlige Auflösung der Kirche.* (CI, 842)

Zwischen den Mitgliedern der Volkskirche und den wahrhaft Glaubenden lässt sich mit Hilfe der Vorstellung von zwei

Calvinistischer Gottesdienst in der Kirche «Le Paradis» in Lyon. Gemälde, 17. Jahrhundert

Kirchen, einer sichtbaren und einer unsichtbaren, unterscheiden. So formuliert etwa Zwingli: Zur unsichtbaren Kirche *gehören alle, die auf dieser ganzen Welt glauben. Unsichtbar heißt sie […], weil es den menschlichen Augen nicht ersichtlich ist, wer glaubt. Denn die Gläubigen sind einzig Gott und sich selbst ersichtlich.* Zur sichtbaren Kirche *aber gehören auch diejenigen, die zu Unrecht Christen genannt werden, weil sie den inneren Glauben nicht haben […], aber das bleibt allen Brüdern verborgen.* (ZSIV, 32)

Erst im Endgericht, in dessen baldiger Erwartung alle Reformatoren lebten, wird die Spreu vom Weizen getrennt, wie Melanchthon im *Augsburger Bekenntnis* formuliert: *Auch wird gelehrt, daß unser Herr Jesus Christus am Jüngsten Tag kommen wird, um zu richten und alle Toten aufzuerwecken, den Gläubigen und Auserwählten ewiges Leben und ewige Freude zu geben, die gottlosen Menschen aber und die Teufel in die Hölle und zur ewigen Strafe zu verdammen.* (CA, 32)

Das Kirchenverständnis des linken Flügels der Reformation ist anders. «Spiritualisten» wie Hans Denck, Caspar von Schwenkfeld und Sebastian Frank konzentrieren sich ganz auf die unsichtbare Kirche, lehnen eine Gemeindebildung rundweg ab: Gottes Geist wirkt im Gewissen oder im Verstand der Menschen, eine äußerliche Kirchenbildung ist nicht nötig.

Anders wiederum die «Schwärmer» und Täufer: Sie wollen die wahre Kirche sichtbar machen, hier auf der verderbten Erde, jetzt in der angebrochenen Endzeit. Entweder aggressiv, durch die Vernichtung der Gottlosen, wie bei Müntzer: *Das machte wohl eine rechte christliche Kirche aus, die Gottlosen von den Auserwählten zu sondern […]. Die Zeit der Ernte aber ist allweg da (Matth. 9).* (MS, 114) Oder depressiv, im Rückzug der wahren Christen von der Welt, wie in den *Schleitheimer Artikeln* der Täufer: *Zum vierten haben wir uns über die Absonderung geeinigt. Sie soll geschehen von den Bösen […], damit wir ja nicht Gemeinschaft mit ihnen haben […].* (LF, 64) Dann aber kann Kirche nicht mehr Volkskirche sein, vielmehr ist sie die Gemeinschaft der wahrhaft Glaubenden.

Die freiwillige und bewusste Erwachsenen- oder Glaubenstaufe führt in diese Gemeinde hinein: *Die Taufe soll allen denen gegeben werden, die […] wahrhaftig glauben, daß ihre Sünden durch Christus hinweggenommen worden sind, und allen denen, die wandeln wollen in der Auferstehung Jesu Christi […].* (LF, 62) Falsch ist die Taufe von Kindern: *Damit wird jede Kindertaufe ausgeschlossen, des Papstes höchster und erster Greuel.* (LF, 62) *Greuel* aber nicht nur der Papisten, sondern auch der Evangelischen, die die Kindertaufe festhalten *wie der Hund die Wurst*, wie Müntzer ironisch-bitter kommentiert. *Ich bitte alle Buchstabengelehrten, daß sie mir anzeigen, wo es in der Heiligen Schrift steht, daß ein einziges unmündiges Kindlein von Christo und seinen Boten getauft sei […].*

Die rechte Taufe ist nicht verstanden, darum ist der Eingang zum Christentum zum viehischen Affenspiel geworden. (MS, 39)

Neben der Taufe bekommt das Abendmahl neue Bedeutung: Es ist nicht nur Erinnerungsmahl an den Opfertod Jesu, sondern zudem Feier der Gemeinschaft der Glaubenden: *Alle, die ein Brot brechen wollen zum Gedächtnis des gebrochenen Leibes Christi, und alle, die von einem Trank trinken wollen zum Gedächtnis des vergossenen Blutes Christi, die sollen vorher vereinigt sein zu einem Leib Christi, das ist zur Gemeinde Gottes, an welcher Christus das Haupt ist, nämlich durch die Taufe.* (LF, 63)

Schließlich ist die Kirchenzucht, der Bann, zur Aufrechterhaltung der wahren Gemeinschaft bei den Täufern wichtig. Die in Sünde Gefallenen werden ermahnt, die endgültig Abgefallenen aus der Gemeinschaft ausgeschlossen: *Der Bann soll bei allen denen Anwendung finden [...], die in den einen Leib Christi getauft worden sind [...] und doch zuweilen ausgleiten. [...] Dieselben sollen zweimal heimlich ermahnt und beim dritten Mal öffentlich vor der ganzen Gemeinde zurechtgewiesen oder gebannt werden nach dem Befehl Christi (Matth. 18, 15ff.).* (LF, 63)

«Alle Obrigkeit in der Welt ... von Gott eingesetzt»

Kirche und Staat

Von den staatlichen und gesellschaftlichen Ordnungen (urspr. Polizei und weltlichem Regiment) wird gelehrt, daß alle Regierungsgewalt (urspr. Obrigkeit) in der Welt und staatliche Rechtsordnung und Gesetze von Gott geschaffene und eingesetzte gute Ordnung sind. Christen können ohne Sünde in Regierungsverantwortung (urspr. Obrigkeit), im Fürsten- und Richteramt wirken, nach kaiserlichen und anderen geltenden Rechten Urteile fällen und Recht sprechen, Rechtsbrecher mit dem Schwert bestrafen, rechtmäßig Kriege führen und an ihnen teilnehmen, Prozesse anstrengen, kaufen und verkaufen, geforderte Eide leisten, Eigentum besitzen, heiraten usw. (CA, 31)

Mit diesen Worten erklärt Philipp Melanchthon auf dem Reichstag in Augsburg vor dem Kaiser die Staatstreue der Reformation, verteidigt sie gegen den Vorwurf der Altgläubigen, sie schüre die Revolution.

Alle Reformatoren haben sich zum Verhältnis von Kirche und Welt in grundlegenden Werken geäußert: Luther in seiner *Obrigkeitsschrift* (1523), Melanchthon und Zwingli in Ausführungen über *weltliche und christliche* bzw. *göttliche und menschliche Gerechtigkeit* (1522 bzw. 1523), Müntzer in seiner *Fürstenpredigt* (1524), die Täufer in den *Schleitheimer Artikeln* sowie in Hubmaiers Spätschrift *Von dem Schwert* (beide 1527), Calvin schließlich in der *Institutio* (1536).

Den Kern der reformatorischen Auffassung von der weltlichen Ordnung, vom Verhältnis von Kirche und Staat bildet Luthers Zwei-Regimenten-Lehre, häufig auch Zwei-Reiche-Lehre genannt: *Hie müssen wir Adams Kinder und alle Menschen teilen in zwei Teil: die ersten zum Reich Gottes, die andern zum Reich der Welt. [...] Darum hat Gott die zwei Regiment verordnet: das geistliche, welchs Christen und fromm Leut macht durch den Heiligen*

Geist, unter Christo, und das weltliche, welchs den Unchristen und Bösen wehret, daß sie äußerlich müssen Fried halten und still sein [...]. (LW5, 13 f.)

Eine dualistische Weltsicht? Hier die Christen, dort die Gottlosen? Kirche contra Welt? Nein, die Regimente gehören, trotz scharfer Trennung, aufs engste zusammen: Zum einen stammen beide von Gott, der mit ihnen das Reich Satans bekämpft, zum andern sind die Christen, Erlöste und Sünder zugleich, Bürger zweier Welten, des Reiches Gottes und des Staats. In seiner *Freiheitsschrift* betont Luther, *daß ein jeglicher Christenmensch ist zweierlei Natur, geistlicher und leiblicher. Nach der Seele wird er ein geistlicher, neuer, innerlicher Mensch genannt, nach dem Fleisch und Blut wird er ein leiblicher, alter und äußerlicher Mensch genannt.* (LW2, 269) Gott und die Christen halten Kirche und Welt, Glaube und Politik zusammen.

Mit dem «landesherrlichen Kirchenregiment», das in den reformatorischen Gebieten entsteht, bildet sich eine dritte Klammer, welche Kirche und Staat zusammenschweißt: Der weltliche Landesherr wird Schirmherr der Kirche. Melanchthon hat dies theologisch legitimiert: *Zweifelsohne ist es die höchste Pflicht des Herrschers, die Kenntnis Gottes unter den Menschen zu erhalten.* (MDII, 25) Aufgerufen ist der Staat zur Unterdrückung des alten und jeglichen anderen Glaubens: *Also muß der Fürst dem falschen Gottesdienst ein Ende machen.* (MDII, 201) Und

Luthers und Melanchthons Landesherr Friedrich III., der Weise, Kurfürst von Sachsen. Gemälde von Lucas Cranach d. Ä., 1525

zum tat- und finanzkräftigen Aufbau der neuen Kirche: *Zu diesem Zweck sind die Reichtümer der Stifte und der Klöster zu verwenden […].* (MDII, 223)

In der Schweiz stimmt Calvin der grundsätzlichen Trennung der beiden Regimente zu, hebt jedoch zugleich die Sorge der weltlichen Obrigkeit für die Kirche hervor: *Aber wie wir oben darauf aufmerksam gemacht haben, daß diese (weltliche) Art des Regiments von jenem geistlichen, innerlichen Reiche Christi verschieden ist, so müssen wir auch wissen, daß diese beiden in keinerlei Hinsicht zueinander im Widerspruch stehen. […] Das bürgerliche Regiment […] hat die Aufgabe, solange wir unter den Menschen leben, die äußere Verehrung Gottes zu fördern und zu schützen [sowie] die gesunde Lehre der Frömmigkeit und den (guten) Stand der Kirche zu verteidigen […].* (CI, 1034) Faktisch entsteht in Genf unter Calvins Führung eine Theokratie.

Martin Luther hat einerseits die Gewissensfreiheit entdeckt. Der Glaube ist ein inneres Geschehen zwischen Gott und Gewissen. Der Staat hat hier nichts zu suchen. Eine scharfe Trennung ist hier notwendig. Andererseits entsteht auf der äußeren, institutionellen Ebene im Deutschen Reich unter Führung der lutherisch gesinnten Landesherrn, in der Schweiz unter der des Reformators Calvin eine engere Amalgamierung von Kirche und Staat als im mittelalterlichen «Corpus Christianum».

Für den Staat haben die Christen allergrößte Bedeutung. Sie sollen, ja müssen sich politisch engagieren, in allen öffentlichen Ämtern, um Ruhe und Ordnung aufrechtzuerhalten und damit dem Nächsten zu dienen. Christen sind Fürsten, Richter und Henker. Und sie tun Dienst mit der Waffe, weil *Töten und Rauben ein Werk der Liebe ist,* wie Luther 1526 in seiner *Kriegsleute*-Schrift formuliert. *Denn gleich wie ein guter Arzt, wenn die Seuche so böse und groß ist, daß er muß Hand, Füß, Ohr oder Augen lassen abhauen oder verderben, auf daß er den Leib errette […]: also auch, wenn ich dem Kriegeramt zusehe, wie es die Bösen straft, die Unrechten würget und solchen Jammer anrichtet, scheinet es gar ein unchristlich Werk zu sein und allerdinge wider die christliche Liebe; sehe ich aber an, wie es die Frommen schützt, Weib und Kind, Haus und*

Hof, Gut und Ehre und Friede damit erhält und bewahret, so findt sichs, wie köstlich und göttlich das Werk ist […]. (LW5, 174)

Die Frage, ob Christen Kriege führen dürfen, war von grundlegender Bedeutung. Christen führten Krieg, nicht nur gegen die Türken, sondern auch untereinander. Beim zehnmonatigen Blutrausch des «Sacco di Roma» (1527/28), der Eroberung und Zerstörung der Heiligen Stadt durch Truppen Karls V., sollen protestantische Söldner während des Mordens und Plünderns Lutherchoräle gesungen haben, ein Jahr nach seiner Schrift über die *Kriegsleute.*

In Summa: wüst aller Gestalt,
Wie man vor Jahren die Teufel malt.

Hans Sachs, Schuhmacher und Poet in Nürnberg, über die Söldner, Fußsoldaten, die sich selbst verpflegten, einkleideten und mit Spieß, Armbrust oder Büchse bewaffnet waren. An Sold erhielt ein Feldobrist monatlich 400 Gulden, ein Kaplan 12 Gulden, ein Hurenweibel 12 Gulden und ein Söldner 4 Gulden.

Johannes Calvin nimmt, wie Luther, die alte Lehre vom gerechten Krieg auf: *Da es nun die Könige und Völker zuweilen nötig haben, zur Vollstreckung solcher öffentlicher Strafe zu den Waffen zu greifen, so läßt sich aus dieser Überlegung zugleich das Urteil entnehmen, daß dergestalt unternommene Kriege rechtmäßig sind.* Ziel und Zweck des Kriegs der Obrigkeit ist es, *die Ruhe des unter ihrer Botmäßigkeit stehenden Gebiets zu schützen, die aufrührerischen Bewegungen unruhiger Leute zu unterdrücken, den Bedrängten mit Gewalt zu Hilfe zu kommen und die Freveltaten zu ahnden […].* (CI, 1042)

Die Täufer dachten anders. Ihr Weg der Absonderung mit der strikten Trennung von Reich Gottes und Reich der Finsternis ließ sie den Gebrauch des *Schwertes,* also jedes politische oder juristische Amt und den Kriegsdienst, ablehnen. Der längste der *Schleitheimer Artikel* widmet sich dieser Frage: *Das Schwert ist eine Gottesordnung außerhalb der Vollkommenheit Christi. […]*

Nun wird von vielen, die den Willen Christi uns gegenüber nicht erkennen, gefragt, ob auch ein Christ das Schwert gegen den Bösen zum Schutz und Schirm des Guten und um der Liebe willen führen könne und solle. Die Antwort ist einmütig folgendermaßen geoffenbart. Christus lehrt und befiehlt uns, Matth. 11,29, daß wir von ihm

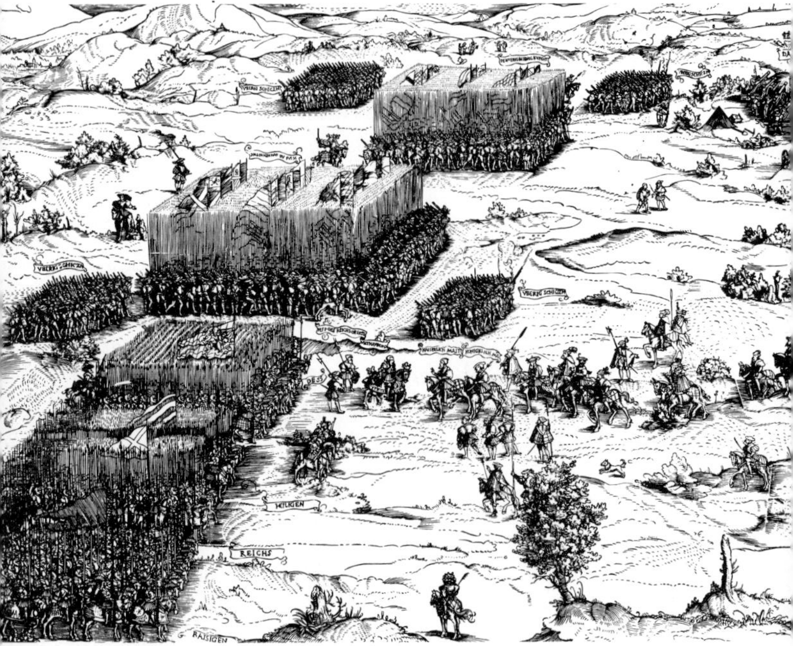

Deutsche Söldner.
Kupferstich von Michael Ostendorfer, um 1530

lernen sollen; denn er sei milde und von Herzen demütig, und so würden wir Ruhe finden für unsere Seelen. […]

Drittens wird des Schwertes halber gefragt, ob der Christ Obrigkeit sein soll, wenn er dazu gewählt wird. Dem wird so geantwortet: Christus sollte zum König gemacht werden, ist aber geflohen […]. So sollen wir es auch tun und ihm nachlaufen. (LF, 66 f.)

Hier wird die spätmittelalterliche Verbindung von Kirche und Staat aufgehoben. Die Täufer lehnen gar den Eid ab, mit dem man zu der Zeit alle vertraglichen Vereinbarungen besiegelt. Durch ihren Rückzug werden die Täufer revolutionär.

Balthasar Hubmaier weicht in der Gewaltfrage von der Mehrheit der Täufer ab und erklärt seinen Mitbrüdern: *Die Gewalt ist ein Diener Gottes, der solchen Schutz handhaben soll, und das geschieht unserem Nächsten zugut und zur Aufrechterhaltung eines allgemeinen Landfriedens. Wo steht nun geschrieben, daß ein Christ nicht ein solcher Diener Gottes sein möge, der da allen Menschen zugut die Zucht Gottes vollbringen möge.* (HS, 457)

Gesellschaft und Wirtschaft

Nun wohlan, hie stehet das Recht und spricht: Alle Aufrührerischen sind des Tods schuldig. [...] Denn das Recht spricht dürre heraus: Aufruhr ist des Tods schuldig, als Crimen laesae Majestatis, als eine Sünde wider die Obrigkeit. (LW 5, 178 f.) So Luther in einer Epoche, in der es in den Unterschichten gärt. Gewalt im Auftrag der Obrigkeit ist gottgewollt, Gewalt gegen die Obrigkeit frevelhaft. Die theologische Begründung liegt in der Aufforderung des Paulus, der Obrigkeit untertan zu sein (Römer 13,1). Ganz verhaftet der spätmittelalterlichen Vorstellung von der gottgewollten Ständegesellschaft, hielten Luther und Melanchthon an diesem Dogma zeitlebens fest. Als ihr Landesherr 1528 den Präventivkrieg gegen einen möglichen Militärschlag der Altgläubigen erwägt, drohen sie in einem Brief mit ihrer Auswanderung, falls sich der Kurfürst zu diesem Schritt gegen seinen Herrn, den Kaiser, entschließt.

Die Verdammten. Fragment eines «Jüngsten Gerichts» von Colijn de Coter, 1485–1490

Huldrych Zwingli wendet sich 1524, in den Anfängen der Täuferbewegung, in seiner Schrift *Wer Ursache zum Aufruhr gibt*, gegen radikale Tendenzen von unten. Calvin formuliert in der *Institutio*: *Wenn alle, die ein obrigkeitliches Amt tragen, als «Götter» bezeichnet werden (Ex. 22.8; Ps. 82,1.6), so [...] wird [...] an-*

gedeutet, daß diese Menschen einen Auftrag von Gott haben, mit göttlicher Autorität ausgestattet sind und überhaupt für Gottes Person eintreten, dessen Statthalterschaft sie gewissermaßen ausüben. […] «Jede Seele», sagt Paulus, «sei den übergeordneten Gewalten untertan .... Denn wer der Gewalt widerstrebt, der leistet Widerstand gegen Gottes Ordnung ...» (Röm. 13,1.2) (CI, 1035, 1051)

In der Verachtung des gemeinen Mannes sind sich die Reformatoren einig. Ironisch spricht Luther von *Herrn omnes* (Jedermann). Melanchthon urteilt: *Die Deutschen sind ein so unerzogenes, mutwilliges und blutgieriges Volk, daß man es gerechterweise viel härter halten soll.* (MD1, 279) Und Calvin fügt im Blick auf die Schweiz hinzu: *[…] und wenn es auch gute Leute darunter gibt, so ist das Volk doch verkehrt und böse.* (CS2, 298 f.)

Diese Reformation ist eben keine politische oder soziale Revolution. Gegen den Vorwurf der Katholiken, die neue Lehre zerstöre die göttliche Ordnung von Staat und Gesellschaft, wenden sich viele Reformatoren, etwa Zwingli in einer Anmerkung zu seiner Schrift über *Göttliche und menschliche Gerechtigkeit,* die er dem Propst von Bern zuschickt: *Du wirst darin sehen, daß das Evangelium Christi nicht Gegner der Obrigkeit ist […], sondern die Obrigkeit festigt, sie recht leitet und mit dem Volk einig macht […].* (ZSI, 160)

Martin Luther formuliert in *Die Summe christlichen Lebens* (1532) eine traditionelle Ständelehre. Jeder bleibe an dem ihm von Gott zugewiesenen Platz. *Solches kannst du durch alle Stände hindurch sehen, wie ein jeglicher darin sein (ihm) befohlenes Amt ausrichten und Werke der Liebe üben soll.* (LD6, 187) Der weltliche Beruf wird zur göttlichen Berufung: *Siehe zuvor, daß du an Christus glaubst und getauft bist. Danach sieh auf die Berufung […].* Das *sind lauter heilige Werke, denn du bist dazu berufen. Das heißt ein heiliges Leben, das in Gottes Wort und in der Berufung einhergeht.* (WA37, 480) Die guten Werke, die ein rechter Christ tut, bestehen nicht in besonderen frommen Leistungen, sondern in der Erledigung der alltäglichen Pflichten, *selbst wenn es die allergeringste Hausarbeit ist.* Die Arbeit erfährt eine Aufwertung: *[…] denn von der Arbeit stirbt kein Mensch, aber vom Ledig- und Müßiggehen kommen die Leut um Leib und Leben; denn der*

Mensch ist zur Arbeit geboren wie der Vogel zum Fliegen. (WA17/1, 23) Folgerichtig werden im Gefolge der Reformation zahlreiche Feiertage und Heiligenfeste abgeschafft, die Arbeitsleistungen deutlich gesteigert. Ein protestantisches Arbeits- und Berufsethos entwickelt sich.

Im Calvinismus wird ein tugendhaftes, arbeitsames und erfolgreiches Leben geradezu zu einem Zeichen der Erwählung, wie schon Calvin andeutet, wenn er seine Prädestinationslehre, bei der *Gottes* geheime *Gnadenwahl* und *Berufung* die entscheidende Rolle spielt, durch den Hinweis ergänzt: *Freilich steht dem nicht entgegen, daß die Gläubigen empfinden, wie all die Wohltaten, die sie Tag für Tag aus Gottes Hand empfangen, aus jener verborgenen Annahme in die Kindschaft herfließen [...].* (CI, 651)

Gegen manche sozialen Missstände, insbesondere gegen das Zinsnehmen, hat sich Luther in seinen frühen Schriften gewendet, etwa im *Sermon von dem Wucher* aus dem Jahr 1520: Durch den Zins *saugt einer dem andern Schweiß und Blut aus* (LW5, 159). Die Macht des Fuggers Jakob des Reichen, der zum ungekrönten Herrscher Europas aufstieg, war ihm wie vielen Zeitgenossen ein Dorn im Auge: *Wie sollt das immer mögen göttlich und recht zugehen, daß ein Mann in so kurzer Zeit so reich werde, daß er Könige und Kaiser auskaufen möchte?* (LW5, 133).

Doch bleiben seine sozialen Forderungen ohne wesentliche Wirkung. In späteren Jahren beschränkt er sich darauf, recht allgemein vor einer Vergötzung des Geldes zu warnen: *Jener höchste Weltgott Mammon hat zwei auffallende Eigenschaften: die erste, daß er uns in der Zeit des Glücks sicher und der Gottesfurcht ledig macht; die andere, daß er uns in der Zeit der Widerwärtigkeit und der Trübsal lehrt, [...] einen anderen Gott zu suchen.* (LWE3, 207)

In seiner *Ausgedrückten Entblößung des falschen Glaubens* wendet sich Thomas Müntzer in scharfer, polemischer Weise gegen Luthers Zwei-Regimenten-Lehre mit ihren theo-

Sieh zu: Die Grundsuppe des Wuchers, der Dieberei und Räuberei sind unsere Herren und Fürsten, sie nehmen alle Kreaturen zum Eigentum; die Fische im Wasser, die Vögel in der Luft, das Gewächs auf Erden, alles muß ihr eigen sein.
Thomas Müntzer: Hochverursachte Schutzrede, 1524

Jakob Fugger II., der Reiche, im Kontor mit seinem Hauptbuchhalter M. Schwarz. Zeichnung aus dem Kostümwerk des M. Schwarz, 1518

logischen und politischen Implikationen: *Die ganze unsinnig phantastische Welt […] sagt mit einem spitzen Zünglein: «Ei, man kann wohl das Evangelium predigen, Gott allein fürchten und auch die unvernünftigen Regenten in Ehren halten, wiewohl sie wider alle Billigkeit streben und Gottes Wort nicht annehmen.» […] Ei, willkommen, du Verteidiger der Gottlosen, wie fein, fein muß das stehen, daß man so löblich zweien Herren, die widereinander streben, dienen könnte, wie der Regenten Räte tun.* (MS, 100)

Für Müntzer hat das Evangelium soziale Konsequenzen, die von den theologischen Aussagen nicht zu trennen sind. Denn *Gott verachtet die großen Hansen […] und nahm zu seinem*

Dienst die Kleinen auf (MS, 107). In seiner Kritik am *Erzheuchler* Luther nennt Müntzer die Verantwortlichen für die soziale Ungerechtigkeit beim Namen: *[…] unsere Herren und Fürsten […]. Wenn sie nun alle Menschen nötigen, den armen Ackermann, Handwerksmann und alles, was da lebt, schinden und schaben (Mich. 3) – wenn er sich am Allergeringsten vergreift, so muß er hängen –, dann sagt denn der Doktor Lügner: «Amen»!* (MS, 127)

Bildung und Wissenschaft

Die äußerliche Gerechtigkeit ist erstens ganz in der Gewalt begriffen, welche die Schrift «das Schwert» nennt. […] Zweitens ist die äußerliche Gerechtigkeit von Gott gebotene Kindererziehung, die man «Pädagogik» nennt. Diese ist keine göttliche Gerechtigkeit, sondern eine äußerliche Übung, jedoch von Gott den Eltern befohlen, damit sie die Kinder vor groben Sünden bewahren. Wie wenn man Kinder oder dumme Leute gewöhnt, zu fasten, zu beten, zur Kirche zu gehen, in bestimmter Kleidung zu gehen. (MDII, 14 f.)

Die Worte Melanchthons machen es deutlich: Wie der Humanismus ist die Reformation eine Bildungsbewegung. Die Vertreter der reformatorischen Mitte, zumeist gegen Ende des 15. Jahrhunderts geboren und damit etwas jünger als Luther, stammen größtenteils aus dem städtischen Bürgertum. Alle besuchen Lateinschulen, studieren dann in der Regel Theologie, mit einem Hang zur Juristerei. Viele sind Priester, manche Ordensgeistliche. Sie steigen sozial auf, gehören zur Bildungselite. Der Einfluss des Humanismus ist unter ihnen beträchtlich, ehe sie sich Luther und der Reformation verschreiben.

Der Führer dieser geistigen Wende in Deutschland ist Philipp Melanchthon, Humanist und Reformator in einem. Ihm liegt die neue Lehre und ihre Verbreitung am Herzen: *Wenn ich über das gemeinschaftliche Leben nachdenke und mir nachts zuweilen ein Diener mit einer leuchtenden Laterne vorangeht, dann kommt mir oft in den Sinn, daß die Gemeinwesen der Laterne gleichen, die himmlische Lehre aber dem Licht. Und wie die Laterne bei Dunkelheit ohne Licht nutzlos ist, so sind auch die festen Mauern der Städte unnütz, wenn die Erkenntnis Gottes und die Lehre von den guten Dingen erlischt.* (MDII, 19 f.)

Für die Verbreitung der reformatorischen Lehre ist die Heranbildung gelehrter Theologen nötig, auf Gymnasien und Universitäten. Melanchthon hält 1526 die Festrede, als in der freien Reichsstadt Nürnberg das erste evangelische Gymnasium eröffnet wird. Auf seine Initiative hin wird im hessischen Marburg die erste evangelische Universität gegründet. Er reformiert als Professor und als Rektor der Leucorea zu Wittenberg das Studium der Theologie. Der gesamte Aufbau und Ausbau des höheren Bildungswesens in den protestantischen Gebieten Deutschlands trägt Melanchthons Handschrift.

Dabei ist er keineswegs ein trockener Theoretiker, weiß vielmehr die Schwierigkeiten des Lehrerdaseins anschaulich zu beschreiben: *In der Aesopischen Fabel beklagt der Esel vor Zeus sein mühseliges Los, und wie er sich in täglicher Arbeit verzehre: genau genommen ist wahrlich die Klage des Lehrers über sein leidvolles Geschick weit berechtigter. Denn gibt es einen Esel, der je in der Mühle so viel Übles zu erdulden hätte, wie der Durchschnitt der Lehrer im Unterricht an Mühe und Beschwerden aushalten muß?* (ML, 152) Doch nicht nur die Mühen, sondern auch die Freuden: *Jedem geistig Gesunden bereitet die Erkenntnis der Wahrheit unsagbare Lust. […] Diese Lust wird in den hohen Schulen durch viele Umstände gemehrt.* (ML, 179)

Auch Luther fordert eine Bildungsoffensive, doch weniger in gelehrte Höhen als in volkstümliche Breite. Jeder Christ soll die Bibel lesen und über seinen Glauben Rechenschaft ablegen können. Ebendeshalb hat er die Bibel so übersetzt, dass alle sie verstehen können, wie er in seinem *Sendbrief vom Dolmetschen* schreibt: *Denn man muß nicht die Buchstaben in der lateinischen Sprache fragen, wie man soll deutsch reden, wie diese Esel tun, sondern man muß die Mutter im Hause, die Kinder auf den Gassen, den gemeinen Mann auf dem Markt drum fragen und denselbigen auf das Maul sehen, wie sie reden, und darnach dolmetschen; so verstehen sie es denn und merken, daß man deutsch mit ihnen redet.* (LW6, 14)

Der herr ist meyn hirtte
myr wirt nichts mangeln
Er lesst mich weyden
da viel Gras steht
und firet mich zum Wasser
das mich erkület.

Auszug aus Luthers Übersetzung von Psalm 23 in der Berliner Handschrift von 1523/24

Titelblatt der letzten von Martin Luther durchgesehenen Auflage des Neuen Testaments, 1546

Die elementaren Kulturtechniken Lesen und Schreiben für alle, lautet die Devise. In seiner Schrift *An die Ratsherren aller Städte deutschen Landes, daß sie christliche Schulen aufrichten und halten sollen* fordert Luther einen Ausbau des Bildungssystems mit dem durchaus modern klingenden Argument, Bildung erzeuge Wohlstand: *Nun liegt einer Stadt Gedeihen nicht alleine darin, daß man große Schätze sammle, feste Mauern, schöne Häuser, viel Büchsen und Harnisch zeuge; […] sondern das ist einer Stadt bestes und allerreichstes Gedeihen, Heil und Kraft, daß sie viel feiner, gelehrter, vernünftiger, ehrbarer, wohlgezogener Bürger hat, die könnten darnach wohl Schätze und alles Gut sammeln, halten und recht brauchen.* (LW5, 89) In einer *Predigt* fordert er die Eltern dazu auf, *daß man Kinder zur Schule halten solle.*

Martin Luther ist seiner Zeit voraus, wenn er Schulen für alle Schichten, auch für die Jungen, die zugleich *ein Handwerk lernen*, und für beide Geschlechter, *für Knaben und Maidlein*, fordert, ja sogar die Einführung der allgemeinen Schulpflicht.

Die Volksschule findet jedoch in Deutschland erst im 17. Jahrhundert Verbreitung. Die evangelische Hohe Schule in Nürnberg nimmt sogar erst in der Zeit der Weimarer Republik, vierhundert Jahre nach ihrer Gründung, die ersten Mädchen auf.

Auch die Schweizer erkennen die grundlegende Bedeutung der Bildung für die Reformation. In Zürich gründet Zwingli mit der «Prophezei» eine gelehrte Bibelschule, in Genf legt Calvin mit der «Akademie» das geistige Zentrum der reformierten Christenheit.

Der linke Flügel der Reformation, getragen von den einfacheren sozialen Schichten, stand zwar der gelehrten Bildung misstrauisch gegenüber, will aber die Gläubigen zum eigenständigen Bibellesen befähigen, wie Müntzer betont: *Mit allen Worten und Werken machen sie es ja so, daß der arme Mann aus Sorge um die Nahrung nicht lesen lerne […]. Wann will er denn lernen, die Schrift zu lesen?* (MS, 92)

Schulischer Unterricht ist in erster Linie Katechismus-Unterricht, wie Luther hervorhebt, *denn der Unterricht für die Kinder und Einfältigen heißet Katechismus, das ist eine Kinderlehre, so ein jeglicher Christ zur Not wissen soll; also daß wer solchs nicht weiß, nicht könnte unter die Christen gezählet […] werden.* (LW 3, 190)

Alle Strömungen der Reformation haben die eigene Lehre zur Unterweisung der Laien und Kinder in Katechismen zusammengefasst: der Täufer Hubmaier in der *Christlichen Lehrtafel* (1526/27), Luther im *Kleinen* und *Großen Katechismus* (beide 1529), Calvin in zwei Fassungen des *Genfer Katechismus* (1537/45). Die didaktische, belehrende Absicht ist schon an der äußeren Form des Frage-Antwort-Spiels erkennbar, etwa in Hubmaiers *Christlicher Lehrtafel*: *Leon: Wie heißt du? – Hans: Ich heiße Hans. […] – Leon: Was bist du? – Hans: Eine leibliche, vernünftige Kreatur, an Leib, Geist und Seele von Gott nach seiner Bil-*

dung erschaffen. – Leon: Was ist Gott? – Hans: Er ist das höchste Gut, allmächtig, allwissend und allbarmherzig. (HS, 311)

An zentraler Stelle stehen die Erlösungs- und Sakramentenlehre, das Glaubensbekenntnis und natürlich die Zehn Gebote. Calvin erläutert im *Genfer Katechismus von 1537* das dritte Gebot «Du sollst deinen Vater und deine Mutter ehren» so: *Hierdurch ist uns Ergebenheit geboten gegenüber unsren Vätern und Müttern und jenen, die in gleichem Maß über uns gesetzt wurden, wie Fürsten und Stadtbehörden. Wir müssen ihnen nämlich Ehrerbietung, Gehorsam und Dankbarkeit erweisen und jeden Dienst leisten, zu dem wir imstande sind.* (CS1/1, 153) Im *Genfer Katechismus von 1545* fügt er eine Drohung hinzu: *Was geschieht mit denen, die sich den Eltern widersetzt haben? – Sie werden nicht nur beim Jüngsten Gericht bestraft, sondern Gott wird dies auch im irdischen Dasein rächen, sei es, indem er sie in der Blüte ihres Lebens dahinrafft, einen schmählichen Tod erleiden läßt oder auf andere Weise.* (CS2, 73)

Wirkungen

Reformationen

Es kann keine wahre Einigkeit entstehen, obwohl wir als *einige Kirche [...] ein Schrecken für Papst und Kaiser* wären (LWE3, 119), urteilt Martin Luther bei Tisch über die Zerstrittenheit mit den Schweizern und anderen reformatorischen Strömungen. Doch liegt das Problem nicht nur beim eigensinnigen Luther oder am mangelnden gegenseitigen Verständnis auf allen Seiten, sondern viel tiefer.

Jede soziale Schicht brachte ihre eigene Reformation hervor. Der hohe Adel schloss sich samt den Untertanen Martin Luther an, das Bürgertum in den Städten vorrangig Zwingli und Calvin, die humanistisch orientierten Bildungsbürger Philipp Melanchthon, Bergknappen und Bauern Thomas Müntzer, die einfachen Handwerker Balthasar Hubmaier und den Täufern, die Ritter, also der niedere Adel, Franz von Sickingen. Es entstand sogar, immer noch wenig bekannt, eine Reformation der Frauen.

Drei grundsätzliche Strömungen lassen sich unterscheiden: die (lutherisch und «philippinisch» geprägte) Reformation landesherrlicher Territorien; die (zwinglianisch und calvinistisch dominierte) Reformation der Schweizer und oberdeutschen Städte; und die radikale Form, auch «linker Flügel der Reformation» genannt, in den beiden grundlegenden Varianten der sozial-politischen Revolution eines Müntzer oder des Rückzugs aus der Welt wie beim Gros der Täufer.

Martin Luther, der Vorkämpfer, ist einer der Großen, gewiss – und dennoch nicht «der» Reformator, sondern einer von zahlreichen Reformatoren, ebenso wie es viele Reformationen oder reformatorische Strömungen gab und nicht die eine Reformation. In Wellen breitete sie sich aus, zuerst die Rebellion unter Luther, die soziale Revolution von Müntzer bis Münster, dann die städtische Reformation bei Zwingli und die Restauration unter den Fürsten bei Melanchthon, schließlich die Reglementierung des bürgerlichen Lebens bei Calvin. Die weltweite Ausbreitung gelang dann durch Mission und durch die Verfolgten, die die neue Lehre in andere Länder trugen.

Josef Beuys: Kreuzigung. 1962/65

Auf die Phase der Ausbreitung folgte die der Konsolidierung. Die Reformierten verständigten sich 1566 mit dem überarbeiteten «Helvetischen Bekenntnis» («Confessio Helvetica») und dem «Heidelberger Katechismus» (1563) auf eine verbindliche Grundlage, die protestantischen «Lutheraner» 1577 in der «Konkordienformel» auf je drei Schriften der beiden großen reformatorischen Väter, auf das *Augsburger Bekenntnis* (*Confessio Augustana*) , die *Apologie* und eine *Antipapst-Schrift* Philipp Melanchthons sowie den *Großen* samt dem *Kleinen Katechismus* und die *Schmalkaldischen Artikel* Martin Luthers. Die lutherische Kirche verbreitete sich in weiten Teilen Deutschlands und in ganz Nordeuropa, die reformierte neben der Schweiz in Schottland und Teilen der Niederlande, innerhalb Deutschlands in der Kurpfalz.

Einen eigenen Weg ging die anglikanische Kirche in England, die einen Kompromiss zwischen Protestantismus und Katholizismus darstellt. 1534 wurde sie mit der «Suprematsakte» vom englischen Parlament formell bestätigt und König Heinrich VIII. als ihr Oberhaupt anerkannt. Nach einem vorübergehenden Rekatholisierungsversuch unter Heinrichs Tochter Maria der Katholischen setzte sie sich mit dem «Suprematseid» und der «Uniformitätsakte» von 1559 endgültig durch.

Die Epoche der Nachreformation ist geprägt durch Intellektualisierung, Moralisierung und Verrechtlichung des Glaubens: Die Kirche wird zur Lehr- und Erziehungsanstalt sowie zur Territorialgewalt. Fürsten oder Stadträte gewinnen dominierenden Einfluss auf die Kirche. Pfarrer werden zu Staatsbeamten. Das geistliche Leben erstarrt in Konfessionalismus, Abgrenzung gegenüber den anderen, in Orthodoxie und Rechthaberei.

Als Gegenströmung entstehen im ausgehenden 16. und im 17. Jahrhundert Erneuerungsbewegungen, die die Heilsgewissheit und Heiligung in den Vordergrund stellen, den Glauben, das Gefühl und das Handeln des einzelnen Menschen: Der Puritanismus, eine calvinistisch geprägte Reformbewegung des Anglikanismus, der sich auch in den Niederlanden und über die «Pilgerväter» in Neuengland und später den USA verbreitet, und der lutherische Pietismus in Deutschland, getragen von Philipp Jakob Spener und dem Haller Pädagogen August Hermann Francke. Zudem bilden sich «Freikirchen», die sich von den drei Großkirchen vollständig lösen, vor allem der Baptismus, der sich aus dem mennonitischen Täufertum weiterentwickelt, und der Methodismus, in England durch den anglikanischen Geistlichen John Wesley begründet.

Das 18. Jahrhundert ist geprägt von der Auseinandersetzung um Aufklärung, Vernunft und eine «natürliche Religion». 1799 versucht der Theologe Friedrich Schleiermacher in seinen «Reden über die Religion – An die gebildeten unter ihren Verächtern» einen vernünftigen Dialog mit der Philosophie über den protestantischen Glauben. Im 19. Jahrhundert stehen sich in Deutschland eine strenge «Theologie der Ordnung» mit konservativen und antisemitischen Geistlichen wie dem Berliner Dom- und Hofprediger Adolf Stoecker, ein ausgeprägtes Engagement um die «soziale Frage» bei Amalie Sieveking und Johann Hinrich Wichern und ein «Kulturprotestantismus» gegenüber, den Adolf von Harnack im Jahr 1900 mit seiner Schrift «Vom Wesen des Christentums» zusammenfasst. In den zwanziger Jahren des 20. Jahrhunderts leitet der Kirchenhistoriker Karl Holl eine Luther-Renaissance ein, mit der Betonung seiner zentralen reformatorischen Anliegen, der Rechtfertigungslehre, des Gerichts und der Gnade Gottes: «So sieht Luther durch die Finsternis und den Sturm des göttlichen Zorns in den Liebeswillen Gottes hinein. Er vernimmt, wie er es wundervoll ausdrückt, *unter und über dem Nein das tiefe heimliche Ja*, das Gott zu ihm spricht.» (KQIV/2, 91)

Auch in den Zeiten des Nationalsozialismus hat Luther Konjunktur, vor allem bei den regimetreuen «Deutschen Christen», die in ihren «Richtlinien» vom 6. Juni 1932 den neuen Geist mit Berufung auf die reformatorische Tradition begrüßen: «Wir stehen auf dem Boden des positiven Christentums. Wir bekennen uns zu einem bejahenden, artgemäßen Christusglauben, wie er deutschem Luthergeist und heldischer Frömmigkeit entspricht.» (KQIV/2, 118) Im Herbst desselben Jahres hält Dietrich Bonhoeffer in seiner Predigt zum Reformationsfest dagegen: «Lasst dem toten Luther endlich seine Ruhe und hört das Evangelium, lest seine Bibel, hört hier das Wort Gottes selbst. […] Lasst uns hingehen und nüchtern die ersten Werke tun. Gott helfe uns. Amen.» (BW12, 426, 431) Die evangelische Kirche beginnt sich zu spalten. Unter Führung des reformierten Theologieprofessors Karl Barth, der den «Hitlerismus» als den «gegenwärtige[n] böse[n] Traum des erst in der lutherischen Form christianisierten deutschen Heiden» versteht, verfasst die regimekritische «Bekennende Kirche» Ende Mai 1934 eine neue Thesenreihe, die «Theologische Erklärung» von Barmen. Dieses erste evangelische Bekenntnis seit der Reformationszeit erneuert das reformatorische Prinzip «Allein die Heilige Schrift – Christus allein» und lehnt jede Anpassung an den «Zeitgeist» entschieden ab: «Jesus Christus, wie er uns in der Heiligen Schrift bezeugt wird, ist das eine Wort Gottes, das wir zu hören, dem wir im Leben und im Sterben zu vertrauen und zu gehorchen haben. Wir verwerfen die falsche Lehre, als könne und müsse die Kirche als Quelle ihrer Verkündigung außer und neben diesem einen Wort Gottes auch noch andere Ereignisse und Mächte, Gestalten und Wahrheiten als Gottes Offenbarung anerkennen.» (KQIV / 2, 130 f.)

Ende des Jahres muss Karl Barth Deutschland verlassen, weil er den Eid auf den «Führer» verweigert. Sein Schüler Dietrich Bonhoeffer bezahlt sein konsequentes Engagement gegen die Diktatur kurz vor dem Ende der Schreckensherrschaft mit dem Leben. Die große Mehrheit der evangelischen Christen in Deutschland aber folgte Bonhoeffers mutigem Beispiel nicht. Er blieb erstaunlich isoliert, selbst innerhalb der «Bekennenden Kirche». Mit der «Stuttgarter Schulderklärung» unternahmen die evangelischen Kirchen in Deutschland im Oktober 1945 – in etwas beschönigenden Worten – einen Neuanfang: «Wohl haben wir lange Jahre hindurch im Namen Jesu Christi gegen den Geist gekämpft, der im nationalsozialistischen Gewaltregiment seinen furchtbaren Ausdruck gefunden hat; aber wir klagen uns an, daß wir nicht mutiger bekannt, nicht

Reformatoren im 20. Jahrhundert

Dietrich Bonhoeffer (1906–1945), lutherischer Pastor und Privatdozent, schloss sich dem Widerstand gegen Hitler an und wurde im April 1945 im KZ Flossenbürg ermordet.
«Man muss dem Rad in die Speichen fallen.»

Martin Luther King (1929–1968), baptistischer Prediger, kämpfte mit gewaltfreien Aktionen gegen die Rassendiskriminierung in den USA, erhielt 1964 den Friedensnobelpreis und wurde 1968 von einem weißen Fanatiker ermordet.
«I have a dream.»

Desmond Tutu (geb. 1931), anglikanischer Erzbischof, kämpfte gegen das Apartheid-System in Südafrika, erhielt 1984 den Friedensnobelpreis und leitete nach der Wahl Nelson Mandelas zum Präsidenten die «Wahrheitskommission».
«We are the rainbow nation.»

treuer gebetet, nicht fröhlicher geglaubt und nicht brennender geliebt haben.» (KQIV / 2, 163) Die Barmer Erklärung und das Stuttgarter Schuldbekenntnis eröffnen den evangelischen Kirchen von Deutschland erneut den Anschluss an die internationale Christenheit.

Bereits Ende des 19. Jahrhunderts waren weltweit ökumenische Bestrebungen spürbar geworden, die im 20. Jahrhundert nach dem Ersten und vor allem nach dem Zweiten Weltkrieg Auftrieb bekommen, zuerst innerhalb der Kirchen und Freikirchen, dann zwischen den evangelischen Konfessionen. 1877 entsteht der «Reformierte», 1947 der «Lutherische Weltbund», 1948 dann der «Ökumenische Rat der Kirchen» (ÖRK), der nahezu alle evangelischen Kirchen und Freikirchen umfasst. Alle drei Organisationen haben in Genf ihren Sitz. Die Stadt Calvins ist damit zum Zentrum des weltweiten Protestantismus geworden. Ebenfalls 1948 schlossen sich in der Bundesrepublik alle Landeskirchen zur Dachorganisation der «Evangelischen Kirche in Deutschland» (EKD) mit Sitz in Hannover zusammen.

Ende des 20. Jahrhunderts stellen die Protestanten in der Schweiz eine Mehrheit dar, in Europa eine etwa 20 Prozent starke Minderheit, in Deutschland liegen sie mit den Katholiken gleichauf, mit je einem Drittel der Bevölkerung. Weltweit stehen 330 Millionen Protestanten beinahe dreimal so viel Katholiken gegenüber. Die reformierten Kirchen zählen wie die lutherischen gut 70, die baptistischen Freikirchen mehr als 30, die methodistischen über 25 Millionen Mitglieder. Zahlenmäßig weitaus bescheidenere Reste des linken Flügels der Reformation haben sich etwa mit den Mennoniten erhalten, von denen viele während des «Dritten Reiches» ihre konsequent pazifistische Einstellung mit dem Märtyrertod bezahlten.

Einig werden sich die Protestanten nicht nur organisatorisch, bei der Bildung von Dachorganisationen, sondern auch inhaltlich, in der zur Reformationszeit so heftig umstrittenen Abendmahlsfrage. In den «Arnoldshainer Thesen» stellen die Mitgliedskirchen der EKD 1957 versöhnlich fest: «Weil der Herr reich ist für alle, die ihn anrufen, sind alle Glieder seiner

Gemeinde zum Mahle gerufen, und allen ist die Vergebung der Sünden zugesagt, die nach der Gerechtigkeit Gottes verlangen.» (KQIV / 2, 176).

Mit der «Leuenberger Konkordie» begraben 1973 die reformatorischen Kirchen Europas – Lutheraner, Reformierte und Unierte (eine Mischform), einschließlich der «vor-reformatorischen» Waldenser und Böhmischen Brüder – ihre lange gepflegte Feindschaft: «Mit diesen Feststellungen ist Kirchengemeinschaft erklärt. Die dieser Gemeinschaft seit dem 16. Jahrhundert entgegenstehenden Trennungen sind aufgehoben. Die beteiligten Kirchen sind der Überzeugung, daß sie gemeinsam an der einen Kirche Jesu Christi teilhaben [...].» (KQIV / 2, 217)

Gegenreformation

«Angesichts des Fortschritts, den die Neuerer in so kurzer Zeit machen – verbreitet sich doch das Gift ihrer schlimmen Lehre bereits über große Völker und Länder, und noch immer sind sie im Vordringen [...] – muß unsere Gesellschaft [...] nicht nur auf die Zubereitung guter Heilmittel bedacht sein, sondern [...] sie in möglichstem Umfang zur Anwendung bringen, um so rasch als möglich, besonders in den nördlichen Ländern, das gesund Gebliebene zu bewahren und das bereits von der Krankheit des Irrglaubens Ergriffene zu heilen.» (HB, 359f.) Mit diesen Worten des Ignatius von Loyola, Gründer und General des Ordens der Jesuiten (Societas Jesu, SJ), bläst die katholische Kirche zum Gegenangriff.

Ignatius von Loyola ist ein kleiner, hinkender Mann, mit Glatze und spärlichem Bartwuchs um Mund und Kinn, mit strenger Miene, ernsten Augen und eingefallenen, asketischen Wangen. Ein Mann aber, von dem eine ungeheure Anziehungskraft ausgeht, eine Faszination, die ihn und seinen Orden zum Kristallisationspunkt der inneren Erneuerung des Katholizismus und der äußeren Zurückdrängung des Protestantismus machen, zum wichtigsten Träger der Gegenreformation.

Geboren 1491 auf dem Schloss der Loyola nahe dem Städtchen Azpeitia im spanischen Baskenland, führt er ein Leben als Ritter, bis eine schwere Unterschenkelverwundung, die ihn

Ignatius von Loyola. Kupferstich nach einem Gemälde von Peter Paul Rubens, 1621

zeitlebens zum hinkenden Krüppel macht, die Wende bringt. Nach Einsiedlerdasein, Jerusalemreise und Theologiestudium erfährt Ignatius, als er mit einer Schar von Getreuen nach Rom zieht, beim Gebet ein Berufungserlebnis, das ihn endgültig mit Sendungsbewusstsein erfüllt. Da «verspürte er eine solche Veränderung in seiner Seele und hat so klar gesehen, daß Gott Vater ihn zu Christus, seinem Sohn, stellte, daß ihm der Mut nicht ausreichen würde, daran zu zweifeln, daß vielmehr Gott der Vater ihn zu seinem Sohn stellte» (IL2, 78).

Der Papst bestätigt 1540 die Bewegung als kirchlichen Orden und bekommt damit eine ihm treu ergebene, schlagfertige Truppe, bereit zum sprichwörtlich gewordenen Kadavergehorsam, wie die Ordensregel formuliert: «Wir sollen uns dessen bewußt sein, daß ein jeder von denen, die im Gehorsam leben, sich von der göttlichen Vorsehung mittels des Oberen führen und leiten lassen muß, als sei er ein toter Körper, der sich wohin auch immer bringen und auf welche Weise auch immer behandeln läßt […].» (IL2, 740)

Ignatius stellt Luthers Gewissensfreiheit den absoluten Gehorsam gegenüber dem Papst und Melanchthons protestantischem Bildungswesen die Schulen und Hochschulen der Jesuiten entgegen. Und er hat mächtig Erfolg. Beim Tod seines Gründers am 31. Juli 1556 zählt der Orden bereits mehr als tausend Mitglieder, organisiert in zwölf Provinzen und 76 Niederlassungen. Ignatius wird ein halbes Jahrhundert später selig und bald darauf heilig gesprochen. Sein letztes Wort, so die Überlieferung, war der kurze Ruf: «Mein Gott!»

Die Gegenreformation, die Erneuerung der katholischen Kirche, wird einmal durch den Jesuitenorden getragen, zum

Das Konzil von Trient.
Kolorierter Kupferstich, 1565

andern durch das lange geforderte Konzil, das nun endlich zustande kommt, ohne Beteiligung der Protestanten.

Das Konzil von Trient, Tridentinum genannt, das – mit Unterbrechungen – von 1545 bis 1563 tagte, drängte Missbräuche, die Anstoß erregt hatten, zurück, Ablasshandel, den Verkauf geistlicher Ämter (Simonie), kirchliche Vetternwirtschaft (Nepotismus), und formulierte grundlegende theologische Lehren neu.

In den «Verwerfungen» wird der katholische Glaube vom protestantischen ausdrücklich abgegrenzt. Zur Rechtfertigung (iustificatio) trägt nicht nur Christus bei, sondern auch der

Mensch durch seine guten Taten. Abgelehnt ist das «sola fide» – «allein durch Glauben» – der Reformatoren. Abgelehnt auch das «sola scriptura»: Neben der Schrift steht gleichrangig die dogmatische kirchliche Tradition. Festgeschrieben wird die Siebenzahl der Sakramente: Taufe, Firmung, Eucharistie, Buße, Priesterweihe, Ehe und letzte Ölung. Festgeschrieben die Verwandlung (Transsubstantiation) der Elemente Brot und Wein in den Leib und das Blut Christi bei der Eucharistie, festgeschrieben auch das sakrale Priestertum mit Zwangszölibat und zentraler Stellung im kirchlichen Leben.

Wir halten, daß der Mensch gerecht werde ohne Werke des Gesetzes, durch den Glauben. […] Auf diesem Artikel steht alles, was wir wider den Papst, Teufel und Welt lehren und leben.

Luther in den «Schmalkaldischen Artikeln» von 1536

Wenn einer sagt, der rechtfertigende Glaube sei nichts anderes als das Vertrauen auf die wegen Christus unsere Sünden nachlassende Barmherzigkeit Gottes, oder dieses Vertrauen allein sei es, wodurch wir gerechtfertigt werden: Der sei im Bann.

Konzil zu Trient (1545–63)

Im Gefolge des Konzils stehen Bestrebungen, das kirchliche Leben organisatorisch zu ordnen und zu vereinheitlichen durch den Gebrauch des «Römischen Katechismus für Geistliche», das «Brevier» und das «Römische Messbuch», durch Visitationen, Zentralisierung der Priesterausbildung in Rom, nicht zuletzt durch eine Kurienreform. In der Gegenreformation versucht die katholische Seite, den Katholizismus mit theologischen und kirchlichen Maßnahmen zu stärken. Wenn das nicht hilft, schreitet die Inquisition ein, erfolgreich vor allem in Italien und Spanien, unter Führung König Philipps II., Kaiser Karls V. Sohn und Erbe.

Die Gegenreformation versucht aber auch, verlorenes Terrain mit politischen, juristischen und militärischen Mitteln zurückzugewinnen. In Deutschland geht sie von Bayern aus. Friedrich Schiller charakterisiert in der Vorrede seiner «Geschichte des Dreißigjährigen Krieges» den Augsburger Religionsfrieden und seine Folgen mit den Worten: «Dieser Religionsfriede also, der die Flamme des Bürgerkriegs auf ewige Zeiten ersticken sollte, war im Grunde nur eine temporäre

Auskunft, ein Werk der Not und der Gewalt, nicht vom Gesetz der Gerechtigkeit diktiert, nicht die Frucht berechtigter Ideen über Religion und Religionsfreiheit. [...] Mit dem Schwert in der Hand wurden die Grenzen zwischen beiden Kirchen gezeichnet; mit dem Schwerte mußten sie bewacht werden. [...] Eine zweifelhafte schreckenvolle Aussicht für Deutschlands Ruhe, die aus dem Frieden selbst schon hervordrohte!»

Der Krieg zwischen den Konfessionen beginnt schon in der Zeit des Augsburger Religionsfriedens. Zwischen 1553 und 1558 hebt in England Maria I., die Tochter Heinrichs VIII., die anglikanische Kirche wieder auf, lässt 300 Protestanten auf dem Scheiterhaufen verbrennen und erhält deshalb den Beinamen «die Katholische» oder «die Blutige». In Frankreich werden in den Hugenottenkriegen zwischen 1562 und 1598 die Calvinisten, die sich 1559 zur französisch-reformierten Kirche zusammengeschlossen hatten, nahezu ausgerottet. Die Bartholomäusnacht beraubt sie am 24. August 1572 ihrer Führungsschicht innerhalb weniger Stunden. Erst König Heinrich IV. erlaubt 1598 mit dem Edikt von Nantes freie Religionsausübung. In den Niederlanden reißen sich die nördlichen Provinzen vom spanischen Mutterland los und bekennen sich zum reformierten Glauben.

Im Deutschen Reich schafft der Augsburger Religionsfriede immerhin für mehr als ein halbes Jahrhundert Ruhe, dann aber stehen die protestantische Union (1608) unter pfälzischer und die katholische Liga (1609) unter bayerischer Führung einander säbelrasselnd gegenüber, und es bedarf 1618 nur des Funkens des Prager Fenstersturzes, um das Pulverfass zur Explosion zu bringen. Der Westfälische Frieden von Münster und Osnabrück, der die dreißigjährige Verwüstungsorgie beendet, setzt 1648 den Augsburger Religionsfrieden wieder in Kraft, erweitert ihn auf die Reformierten und schafft so die Grundlage für einen dauerhaften Frieden zwischen den Konfessionen in Mitteleuropa.

Äußerlich herrscht Friede, zwischen den Parteien jedoch tiefes Misstrauen. Dreieinhalb Jahrhunderte dauert es noch, bis am 31. Oktober 1999 nach heftigen Kontroversen der Lutherische Weltbund und die katholische Kirche eine «Gemeinsame Erklärung zur Rechtfertigungslehre» (GER) verabschieden, in der festgestellt wird, dass trotz verbleibender Differenzen «zwischen Lutheranern und Katholiken ein Konsens in Grundwahrheiten der Rechtfertigungslehre besteht» (GER, Abs. 40). Doch wird diese Erklärung von Theologen beider Seiten misstrauisch beäugt und vehement kritisiert. Und als die Jahrtausendwende naht, stoßen sich die Protestanten daran, dass Papst Johannes Paul II. für das Jahr 2000 einen «Jubiläumsablass» ausruft, fühlen sich gar zurückerinnert ans Jahr 1517 …

Säkularisation

Zwiespältig ist die politische und gesellschaftliche Wirkung der Reformation. Auf der einen Seite bestehen engste Verbindungen zwischen Kirche und Staat im landesherrlichen Kirchenregiment in Deutschland und im Staatskirchentum Nordeuropas. Auf der anderen trennt Luther beide Bereiche, die Kirche soll Kirche bleiben, die Welt weltlich werden. Der Keim zur Säkularisierung ist gesät.

Säkularisation bezeichnet im Zuge des Westfälischen Friedens die Entlassung einer Herrschaft aus kirchlich-geistlicher Kontrolle. 1803 kommt es dann, im Gefolge der Französischen Revolution und der napoleonischen Herrschaft in Europa, zum Reichsdeputationshauptschluss, bei dem nahezu alle geistlichen Herrschaftsgebiete aufgehoben werden. Doch erst über einhundert Jahre später schreibt die Weimarer Verfassung von 1919 die Trennung von Kirche und Staat in Deutschland endgültig fest.

Säkularisierung aber will mehr: Als umfassender geistesgeschichtlicher Begriff bezeichnet sie das Projekt der Neuzeit, das Ende der geschlossenen, mittelalterlichen Welt, die Loslösung des Menschen und aller menschlichen Lebensbereiche aus der Umklammerung durch die Religion. Politik, Gesellschaft und Wissenschaft verstehen und begründen sich zunehmend aus sich selbst. Der Mensch nimmt sein Leben selbst in die Hand, auch sein religiöses. So hat denn Immanuel Kant in seinem berühmten Aufsatz «Beantwortung der Frage: Was ist Aufklärung» im Jahr 1784 «den Hauptpunkt der Aufklärung, die des Ausganges der Menschen aus ihrer selbst verschuldeten Unmündigkeit, vorzüglich in Religionssachen gesetzt: weil [...] jene Unmündigkeit, so wie die schädlichste, also auch die entehrendste unter allen ist» (KW9, 60). Säkularisierung zielt auf Aufklärung.

Säkularisierung meint schließlich und endlich: die Verabschiedung des Menschen von Kirche und Religion. Die sozialistische Herrschaft und der Umbruch von der industriellen zur postmodernen Gesellschaft bewirkten einen gravierenden Bedeutungsverlust der Kirchen in Deutschland. Zur Jahrtausendwende gehören in den alten Bundesländern ein knappes Drittel der Bevölkerung keiner der Großkirchen an, in den neuen Bundesländern gar 70 Prozent. Kirchenaustritte haben nach wie vor Konjunktur, gravierender noch scheint die innere Emigration aus der Volkskirche, die nur noch bei Grenzsituationen wahrgenommen wird, bei Geburt, Alter und Tod.

Zwar ist richtig: Das hat Luther nicht gewollt, ganz bestimmt nicht! Er misstraut der *Hure Vernunft* zutiefst, er begründet das weltliche Reich in Gott. Doch mit ihm sind nun dauerhaft zwei Wahrheiten da und zwei Kirchen; das mittelalterliche «Corpus Christianum» ist zerbrochen. Und er befreit das menschliche Individuum: In geistlichen Dingen steht der Einzelne in unmittelbarer Verantwortung vor Gott. Die Neuzeit ging auf diesem Weg weiter. Der Theologe Friedrich Gogarten fasste in seinem Werk «Verhängnis und Hoffnung der Neuzeit» die ambivalente Einstellung des Protestantismus zur Neuzeit in der Unterscheidung zwischen der «Säkularisierung» (Verweltlichung) als «notwendige[r] und legitime[r] Folge des christlichen Glaubens» und dem «Säkularismus, der latent oder offen jede Frage für nutzlos und unsinnig erklärt, die über das bloß Sichtbare und Greifbare hinausgeht» (GV, 143, 145). Religionssoziologen fügen hinzu, dass der neuzeitliche Säkularisierungsprozess nicht mit dem Verschwinden von Religion gleichzusetzen ist, da diese in privatisierter, entinstitutionalisierter, pluralistischer Form weiterexistiert.

Auf jeden Fall sind die Kulturleistungen des Protestantismus enorm. Luther hat mit seinen Bibelübersetzungen eine einheitliche deutsche Schriftsprache erst eigentlich geschaffen, Calvins Schriften gewannen Bedeutung für das Französische. Die großen deutschen Maler und Bildhauer der Reformationszeit waren protestantisch gesinnt. Im Barock komponierte der Leipziger Thomaskantor Johann Sebastian Bach seine großen Passionen.

Auch in indirekter Form wirkte der Protestantismus auf die Kultur. Der Soziologe Max Weber machte die asketische Grundeinstellung des Protestantismus, verbunden mit der lutherischen Berufsethik beziehungsweise der calvinistischen Prädestinationslehre, für die Entstehung des «Geistes des Kapitalismus» verantwortlich. Zugespitzt formulierte der Philosoph Walter Benjamin: «Im Kapitalismus ist eine Religion zu erblicken, d. h. der Kapitalismus dient essentiell der Befriedigung derselben Sorgen, Qualen, Unruhen, auf die ehemals die sogenannten Religionen Antwort gaben. [...] Das Christentum zur Reformationszeit hat nicht das Aufkommen des Kapitalismus begünstigt, sondern es hat sich in den Kapitalismus umgewandelt.» (BSVI, 100, 102)

Politische Auswirkungen hatte die Reformation auf den Befreiungskampf der Niederländer (1566–1648), auf die Englische Revolution (1640–1649), ja vielleicht sogar auf den nordamerikanischen Befreiungskampf (1775–1783) und die Französische Revolution (1789–1795).

Protestantische Anliegen haben in alle kulturellen Bereiche hineingewirkt. Der rationalistische Spiritualismus der Antitrinitarier Lelio und Fausto Sozzini, der die Gegenwart des Geistes Gottes in der Vernunft lokalisiert, wirkte auf die Aufklärungsphilosophie, der mystische Spiritualismus eines Paracelsus, Valentin Weigel und Jakob Böhme, der den Geist Gottes in der Natur erlebt, auf die Philosophie des romantischen Idealismus. Friedrich Nietzsche karikiert die gesamte neuzeitliche deutsche Philosophie als verkappte reformatorische Theologie: «Unter den Deutschen versteht man sofort, wenn ich sage, daß die Philosophie durch Theologenblut verderbt ist. Der protestantische Pfarrer ist Großvater der deutschen Philosophie, der Protestantismus selbst ihr peccatum originale [Sündenfall]. [...] Man hat nur das Wort ‹Tübinger Stift› auszusprechen, um zu begreifen, was die deutsche Philosophie im Grunde ist – eine hinterlistige Theologie.» (NWIII, 617) In der Tat sind zentrale Vertreter der klassischen idealistischen Philosophie wie der deutschen Literatur geprägt durch die evangelischen Klosterschulen in Württemberg und das kirchliche Studentenwohnheim der Tübinger Universität, «Stift» genannt, insbesondere die drei Kommilitonen Hegel, Schelling und Hölderlin, später dann Eduard Mörike und Hermann Hesse.

Reformation und Protestantismus bleiben stets ein Diskussionsthema des wissenschaftlichen und kulturellen Lebens bis in die Gegenwart. Thomas Mann beschäftigte sich intensiv mit Martin Luther, charakterisiert ihn als «riesenhafte Inkarnation deutschen Wesens» dessen «antipolitische Devotheit [...] für die Jahrhunderte die unterwürfige Haltung der Deutschen vor den Fürsten und aller staatlichen Obrigkeit geprägt» habe (ME5, 266, 269).

Wer nicht liebt Wein, Weib
und Gesang,
der bleibt ein Narr sein Leben
lang.

Wenn ich wüßte, dass morgen
die Welt unterginge,
würde ich heute noch mein Apfelbäumchen pflanzen.

Sprüche, die Luther zugeschrieben werden, aber wohl nicht von ihm selbst stammen.

Alle Reformatoren wurden vereinnahmt. Calvin gerät zum Schweizer, Luther zum deutschen «Helden», Müntzer wird in der ehemaligen DDR zum «Vorkämpfer des Sozialismus», die Debatte um Europa und Ökumene entdeckt gegenwärtig den dialogbereiten Melanchthon wieder. Vom 16. bis zum 20. Jahrhundert entstehen mehr als zweieinhalbtausend Luther-Bildnisse; kaum ein Mensch der Weltgeschichte wurde so häufig im Bild dargestellt wie er. Doch hat gegenüber allen Heldenporträts und Vereinnahmungen der Historiker Jacob Burckhardt schon 1868 davor gewarnt, von Luther zu verlangen, «er hätte unsere Programme erfüllen sollen».

Schließlich wurde wieder und wieder versucht, Gestalten und Ereignisse der Reformationszeit musikalisch, poetisch oder dramatisch in Szene zu setzen. Giacomo Meyerbeers Oper «Der Prophet» («Le Prophéte») thematisiert Episoden aus dem Täuferreich zu Münster, «Die Hugenotten» («Les Hugenots») behandelt die Ereignisse um die Bartholomäusnacht, ebenso wie Conrad Ferdinand Meyers beeindruckendes Gedicht «Die Füße im Feuer». August Strindbergs Stück «Die Nachtigall von Wittenberg» zeichnet Luther als Künder der Freiheit, der religiösen wie der politischen. Der aus einem Schweizer Pfarrhaus stammende Friedrich Dürrenmatt hat das Täuferreich von Münster zweimal dramatisiert. In der ersten Fassung («Es steht geschrieben») wird der Schneidergeselle und Täuferkönig Jan Beuckelsson van Leiden am Ende aufs Rad geflochten, in der zwanzig Jahre später entstandenen Version «Die Wiedertäufer» jedoch «mit dreifacher Spitzengage» ans Theater des Bischofs engagiert, da er im Grunde genommen ein grandioser Schauspieler ist, wie sein Gegenspieler neidlos anerkennt.

Abendmahl – weiblich. Foto von Horst Wackerbarth, 1993

Dieter Fortes Theaterstück «Martin Luther und Thomas Müntzer oder: Die Einführung der Buchhaltung» aus dem Jahr 1971 zeigt Luther in der Rolle des Gegners, Müntzer in der des Verfechters der Revolution. Als eigentlicher Sieger der historischen Entwicklung stellt sich jedoch der Bankier Fugger heraus. Das Stück endet mit der Gegenüberstellung des Lutherchorals *Ein feste Burg ist unser Gott* und einer fingierten «Fuggerlitanei»: «Gelobt sei das Kapital. In Ewigkeit. Amen.»

Doch über alle Versuche hinaus, aus dem Protestantismus oder umgekehrt aus der Kritik an der Reformation Kapital zu schlagen, bleibt ein unverrechenbarer «Mehrwert» bestehen, ein kritisches Potenzial, das zum Beispiel in dem baptistischen Geistlichen Martin Luther King oder dem anglikanischen Erzbischof Desmond Tutu, ihrer Hoffnung und ihrem Engagement gegen den Rassismus wirksam wird und auch in den Aktionen protestantischer Kirchengemeinden in Deutschland, die in ihren Gemeindehäusern Verfolgten Zuflucht gewähren und in ihren Kirchengebäuden Arbeitslosen und Nichtsesshaften zu essen geben.

So bleiben die Worte aus dem Schlussabschnitt von Luthers *Freiheitsschrift* gleichsam als Motto der Reformation lebendig: *Aus dem allem folget der Beschluß, daß ein Christenmensch lebt nicht in sich selbst, sondern in Christo und seinem Nächsten, in Christo durch den Glauben, im Nächsten durch die Liebe […].* (LW 2, 286)

Zeittafel

1370–1415 Jan Hus, Gründer der hussitischen Kirche in Böhmen.

Um 1445 Johannes Gutenberg (eigentl. Gensfleisch, um 1400–1467) erfindet in Mainz den Buchdruck mit beweglichen Lettern.

Um 1469 (1466)–1536 Erasmus von Rotterdam, führender Humanist.

1480/85 Balthasar Hubmaier in Friedberg bei Augsburg geboren.

1483 Martin Luther am 10. November in Eisleben (Grafschaft Mansfeld) geboren.

1484 Huldrych (Ulrich) Zwingli am 1. Januar in Wildhaus, Grafschaft Toggenburg, in der Schweiz geboren.

1486–1525 Regierungszeit Friedrichs III., genannt «der Weise», Kurfürst von Sachsen.

Um 1489 (1490) Thomas Müntzer am 12. Dezember (?) in Stolberg (Harz) geboren.

1491–1556 Ignatius von Loyola, Gründer des Jesuitenordens.

1492 Kolumbus landet in der «Neuen Welt».

1493–1519 Regierungszeit Maximilians I., Kaiser des Deutschen Reichs.

1497 Philipp Melanchthon am 16. Februar im kurpfälzischen (heute badischen) Bretten geboren.

1509 Johannes Calvin (Jean Cauvin) am 10. Juli in Noyon in Nordfrankreich (Picardie) geboren.

1509–47 Regierungszeit Heinrichs VIII., König von England.

1512 Luther Professor für Bibelauslegung in Wittenberg.

1513–18 Luther findet im «Turmerlebnis» zur reformatorischen Grunderkenntnis, der Rechtfertigung aus Glauben.

1513–21 Amtszeit Papst Leos X. (eigentl. Giovanni de' Medici).

1515–47 Regierungszeit Franz' I., König von Frankreich.

1517 Luther: *95 Thesen.* Mit dem «Thesenanschlag» bzw. der Thesenverschickung am 31. Oktober beginnt die Reformation.

1518 Melanchthon Professor für Griechisch in Wittenberg.

1519 Am 1. Januar wird Zwingli Leutpriester am Großmünster in Zürich.

1519–56 Regierungszeit Karls V., Kaiser des Deutschen Reichs.

1520 Luther: *An den christlichen Adel deutscher Nation* (Aug.); *Vom babylonischen Gefängnis der Kirche* (Okt.); *Von der Freiheit eines Christenmenschen* (Nov.).
Melanchthon heiratet Katharina Krapp.

1520–66 Regierungszeit Suleimans II., des Prächtigen.

1520/21 Müntzer in Zwickau; Aufstand der Tuchknappen.

1521 Am 3. Januar wird Luther vom Papst gebannt. Reichstag in Worms: Am 18. April verweigert Luther den Widerruf, am 26. Mai verhängt Karl V. über Luther die Reichsacht (Wormser Edikt).
Melanchthon: *Loci communes* (erste evangelische Dogmatik); Müntzer: *Prager Manifest* (Nov.).

1521/22 Luther als «Junker Jörg» auf der Wartburg bei Eisenach. Radikalere Reformen in Wittenberg («Wittenberger Unruhen»).

1522 Am 1. März kehrt Luther nach Wittenberg zurück. Am 9. März beginnt in Zürich mit einem Wurstessen während der Fastenzeit die Reformation.
Zwingli: *Die freie Wahl der Speisen*; Luther: *Das Neue Testament deutsch* (Septemberbibel).

1522/23 Aufstand der Reichsritter (Sickingensche Fehde).

1523 29. Januar: Erste öffentliche Disputation in Zürich; Zwingli:

67 Schlußreden (Thesen); *Auslegung und Begründung der Thesen oder Artikel*; Luther: *Von weltlicher Obrigkeit.*

1523/24 Müntzer reformiert Allstedt; er heiratet Ottilie von Gersen. Müntzer: *Deutsch-Evangelische Messe*; *Protestation*; *Fürstenpredigt*; *Hochverursachte Schutzrede.*

1523–25 Entstehung der Täuferbewegung in Zürich.

1524 Hubmaier: *Achtzehn Schlußreden* (Apr.). Zwingli heiratet Anna Reinhart. Vereinigung der fünf Schweizer Urkantone gegen Zürich.

1524/25 Bauernerhebung, gegen Ende unter der Führung Müntzers.

1525 *Zwölf Artikel der Bauernschaft in Schwaben* (Febr.); Luther und Melanchthon: *Schriften zum Bauernkrieg.* Am 15. Mai werden die Bauern in der Schlacht bei Frankenhausen besiegt: Müntzer gefasst, gefoltert, am 27. Mai enthauptet.
Luther heiratet Katharina von Bora.
Hubmaier: *Summe eines ganzen christlichen Lebens*; Zwingli: *Kommentar über die wahre und falsche Religion*; Luther: *Vom unfreien Willen.*

1525–32 Regierungszeit Johanns des Beständigen, Kurfürst von Sachsen.

1526 1. Reichstag in Speyer: Vertagung der Durchführung des Wormser Edikts.
Luther: *Deutsche Messe.*

1526/27 Hubmaier: *Christliche Lehrtafel* (Täufer-Katechismus).

1527 *Schleitheimer Artikel* (Täufer-Bekenntnis, Febr.). Sacco di Roma: Plünderung Roms durch kaiserliche Truppen, bis 1528.

1528 Hubmaier am 10. März in Wien verbrannt. Melanchthon: *Unterricht der Visitatoren.*

1529 Belagerung Wiens durch die Türken. 2. Reichstag in Speyer: Aufhebung des Beschlusses von 1526; Protest der evangelischen Stände («Protestanten»). Religionsgespräch zwischen Luther und Zwingli in Marburg über das Abendmahl ohne Einigung (1.–4. Okt.). Luther: *Großer* und *Kleiner Katechismus.*

1530 Reichstag in Augsburg. Melanchthon: *Augsburger Bekenntnis* (*Confessio Augustana*); Katholische «Confutatio» (Widerlegung); Melanchthon: *Apologie* (*Verteidigung*); Zwingli: *Rechenschaft über den Glauben* (*Fidei ratio*). Erneuerung des Wormser Edikts.

1531 Schmalkaldischer Bund der protestantischen Stände. Zwingli fällt am 11. Oktober in der Schlacht bei Kappel.

1532 Nürnberger «Anstand»: Aussetzung des Wormser Edikts.

1532–47 Regierungszeit Johann Friedrichs des Großmütigen, Kurfürst von Sachsen.

1534 «Suprematsakte»: Anerkennung der anglikanischen Kirche durch das englische Parlament. Gründung des Jesuitenordens durch Ignatius von Loyola. Luther: *Biblia, das ist die ganze Heilige Schrift deutsch.*

1534/35 Täuferreich in Münster.

1536 Calvin: *Unterricht in der christlichen Religion.* (*Institutio. 1. Fassung*; Überarbeitung 1543, 1550, 1559). Luther: *Schmalkaldische Artikel* (überarb. und gedr. 1538).

1536–38 Calvins erster Aufenthalt in Genf.

1537 Calvin: *Genfer Katechismus von 1537.*

1539 Luther: Erster Band einer Gesamtausgabe seiner Schriften.

1540 Calvin heiratet Idelette de Bure.

1541 Calvin kehrt nach Genf zurück, reformiert die Stadt. Calvin: *Ordonnances ecclésiastiques* (*Erste Fassung*).

1542 Calvin: *Genfer Gottesdienstordnung.*

1543 Nikolaus Kopernikus vertritt das heliozentrische Weltbild.

1545 Calvin: *Genfer Katechismus von 1545.*

1545–63 Konzil von Trient (Reformkonzil).

1546 Luther stirbt am 18. Februar in Eisleben.

1546/47 Schmalkaldischer Krieg: Sieg Karls V. über den Schmalkaldischen Bund in der Schlacht bei Mühlberg; Einnahme Wittenbergs.

1547–53 Regierungszeit Herzog Moritz' als Kurfürst von Sachsen.

1547/48 «Geharnischter Reichstag» in Augsburg.

1548 Augsburger Interim.

1551/52 In der «Fürstenrebellion» besiegt Moritz von Sachsen Kaiser Karl V.

1552 Passauer Vertrag: Aufhebung des Augsburger Interims.

1555 Augsburger Religionsfriede: Religionsfreiheit für die Fürsten, Ritter und Städte im Reich nach dem Prinzip «Cuius regio, eius religio».

1556 Abdankung Karls V., Teilung des Reichs.

1559 Gründung der Genfer Akademie. Mit dem «Suprematseid» und der «Uniformitätsakte» setzt sich in England die anglikanische Kirche endgültig durch.

1560 Am 19. April stirbt Melanchthon in Wittenberg.

1562–98 Hugenottenkriege in Frankreich. 1598 gewährt das «Edikt von Nantes» freie Religionsausübung.

1564 Am 27. Mai stirbt Calvin in Genf.

1568–1648 Freiheitskampf der Niederlande.

1618–48 Dreißigjähriger Krieg. Der Friede von Münster und Osnabrück setzt 1648 den Augsburger Religionsfrieden wieder in Kraft unter Einbeziehung der Reformierten.

1803 Ende des Heiligen Römischen Reiches Deutscher Nation. Im Reichsdeputationshauptschluss Säkularisation der Kirchengüter im Deutschen Reich.

1919 Die Weimarer Verfassung schreibt die Trennung von Kirche und Staat in Deutschland fest.

1945 Gründung der «Evangelischen Kirche in Deutschland» (EKD).

1948 Gründung des Ökumenischen Rats der Kirchen (ÖRK) mit Sitz in Genf.

1999 Gemeinsames Thesenpapier zur Rechtfertigungslehre zwischen lutherischer und katholischer Kirche (31. Okt., Augsburg).

2000 Ausrufung eines «Jubiläumsablasses» durch Papst Johannes Paul II.

Zeugnisse

Thomas Mann
Es ist ja wohl kein Zweifel, daß der Menschheit unendliches Blutvergießen und die entsetzlichste Selbstzerfleischung erspart geblieben wäre, wenn Martin Luther die Kirche nicht wiederhergestellt hätte.
Doktor Faustus (1947)

Heinrich Heine
Luther hatte nicht begriffen, daß die Idee des Christentums, die Vernichtung der Sinnlichkeit, gar zu sehr in Widerspruch war mit der menschlichen Natur, als daß sie jemals im Leben ganz ausführbar gewesen sei; er hatte nicht begriffen, daß der Katholizismus gleichsam ein Konkordat war zwischen Gott und dem Teufel, d. h. zwischen dem Geist und der Materie [...]. Daher ein kluges System von Zugeständnissen, welche die Kirche zum Besten der Sinnlichkeit gemacht hat [...]. Du darfst den zärtlichen Neigungen des Herzens Gehör geben und ein schönes Mädchen umarmen, aber du mußt eingestehn, daß es eine schändliche Sünde war, und für diese Sünde mußt du Abbuße tun. Daß diese Abbuße durch Geld geschehen konnte, war ebenso wohltätig für die Menschheit wie nützlich für die Kirche.
Zur Geschichte der Religion und Philosophie in Deutschland (1834/35)

Thomas Mann
Nichts gegen die Größe Martin Luthers! Er hat nicht nur durch seine gewaltige Bibelübersetzung die deutsche Sprache erst recht geschaffen, die Goethe und Nietzsche dann zur Vollendung führten, er hat auch durch die Sprengung der scholastischen Fesseln und die Erneuerung des Gewissens der Freiheit der Forschung, der Kritik, der philosophischen Spekulation gewaltigen Vorschub geleistet. Indem er die Unmittelbarkeit des Verhältnisses des Menschen zu seinem Gott herstellte, hat er die europäische Demokratie befördert, denn «Jedermann sein eigener Priester», das ist Demokratie.
Deutschland und die Deutschen (1945)

Walter Jens
Fern ist mir Luther in seinem politischen Konservativismus, dem er sein Leben lang treu blieb, nahe in seiner Zartheit, auch seiner Angst, seinem Freimut.
Ich sehe das protestantische Prinzip sehr deutlich vor mir. Es lautet: Zeige bei allem, was du tust, als ein vor Gott gerechtfertigter Mensch Courage, Courage gegenüber den großen «Hansen» in der Welt und gegenüber den großen und kleinen «Päpsten» in der Kirche. Der entscheidende reformatorische Satz lautet: Wir haben den Glauben an die Autorität durch die Autorität des Glaubens ersetzt. Dieser Satz ist nie widerlegbar, und darum Dank an Martin Luther.
In einem Dokumentarfilm über Luther, ZDF (1996)

Friedrich Engels
Erst bei Müntzer sind die kommunistischen Anklänge Ausdruck der Bestrebungen einer wirklichen Gesellschaftsfraktion, erst bei ihm sind sie mit einer gewissen Bestimmtheit formuliert, und seit ihm finden wir sie in jeder großen Volkserschütterung wieder, bis sie allmählich mit der modernen proletarischen Bewegung zusammenfließen.
Der deutsche Bauernkrieg (1850)

Ernst Bloch
Münzer vor allem ist Geschichte im fruchtbaren Sinn; er und das Seine und alles Vergangene, das sich lohnt, aufgeschrieben zu werden, ist dazu da, uns zu verpflichten, zu begeis-

tern, das uns stetig Gemeinte immer breiter zu stützen.
Thomas Münzer (1921)

Johannes Rau
Melanchthons vermittelnde Tätigkeit auf den Reichs- und Bundestagen hat ihm das Klischee eingetragen, er sei ein Leisetreter. [...] Er, der Sohn eines Waffenschmieds, setzte sein ganzes diplomatisches Geschick ein, um Krieg zu verhindern. Er wußte, was Krieg bedeutet: Er wurde mit elf Jahren zum Kriegswaisen. Er betonte die Ordnung, weil er sah, daß die Zerstörung der Ordnung zum Auseinanderbrechen der kirchlichen Eintracht und des Reiches führen würde und damit unweigerlich zum Krieg. Wir wissen heute, wie recht er hatte.
In einem Dokumentarfilm über Luther, ZDF (1996)

Friedrich Schorlemmer
Je mehr ich mich mit Melanchthon beschäftige, desto liebenswürdiger wird mir seine Gestalt, die mir etwas von stiller Tragik vermittelt. So viel Vergeblichkeit, Wut, Enttäuschung hat er in sich hineingefressen. Weil er nie fressen wollte. Luther hat es da leichter gehabt, er hat lieber gefressen. Ich spiele nicht auf seine Leibesfülle, sondern auf seine Gegner an. Melanchthon aber blieb unermüdlich dabei, friedliche Wege zu suchen. Gleich neben der Erwartung, daß er im Tode von den Sünden endlich frei würde, steht seine Erwartung, endlich von dieser geisttötenden theologischen Zänkerei befreit zu sein.
In einer Broschüre zum Melanchthon-Jubiläumsjahr (1997)

Lucien Febvre
Calvin hat es verstanden, sich in solcher Anonymität begraben zu lassen, daß nie jemand seine Grabstätte ausfindig machen konnte [...]. Getreu dem Gesetz der Gemeinde hat Calvin sich keinerlei Grabmal aus totem Stein errichtet. Er schuf das seine aus lebendigem Stein.
An cœur religieux du XVIe siècle (1968)

Bernard Cottret
Calvin entzieht sich den Blicken der Kameras; er ist ein verschwiegenes, verschlossenes Individuum, fast schon glühend vor Schüchternheit. Kurz, das genaue Gegenteil eines Stars, menschlich in jedem Sinne, und zugleich einer der allerersten großen Schriftsteller französischer Sprache. Calvin der Schriftsteller, der Denker, der Prediger, der Organisator der Civitas.
Calvin. Eine Biographie (1995)

Eugen Drewermann
Die Katholiken und die Protestanten verhalten sich wirklich zueinander wie der rechte und der linke Handschuh. Die Heilige Dreifaltigkeit! [...] Im Namen des Dreifaltigen Gottes, in dessen Zeichen die Christen sich segnen, verfluchen sie bis heute die Juden, bekämpfen sie die Muslime, verurteilen sie in den eigenen Reihen die besten ihrer Gläubigen zum Tod auf dem Scheiterhaufen; im Namen dieses Dreifaltigen Gottes sind die Papisten wie die Calvinisten wahrhaftig «eins im Geiste» – des Fanatismus nämlich, der Arroganz und der Intoleranz.
Giordano Bruno oder: Der Spiegel des Unendlichen (1992)

Bibliographie

Bei den Zitaten im Text werden Werke und Quellen mit Kürzel angegeben (ggfs. mit Band), Seitenzahl(en) nach dem Komma.

Verwendete Werkausgaben

CA Das Augsburger Bekenntnis Deutsch. Revidierter Text. Hg. von G. Gaßmann. Göttingen, Mainz 3/1979

CI Johannes Calvin: Unterricht in der christlichen Religion. Institutio Christianae religionis. Hg. von O. Weber. Neukirchen-Vluyn 6/1997

CS Calvin-Studienausgabe. Hg. von E. Busch. Neukirchen-Vluyn 1994 ff.

CR Corpus Reformatorum. Brunsvigae 1834 ff. Reprint New York, London, Frankfurt a. M. 1963 ff. (Werke Melanchthons [Bd. 1–28], Calvins [Bd. 29–87] und Zwinglis [Bd. 88–101]; vorrangig lat.)

HS Balthasar Hubmaier: Schriften. Hg. von G. Westin und T. Bergsten. Quellen und Forschungen zur Reformationsgeschichte. Bd. XXIX. Gütersloh 1962

LF Der linke Flügel der Reformation. Glaubenszeugnisse der Täufer, Spiritualisten, Schwärmer und Antitrinitarier. Hg. von H. Fast. Bremen 1962

LD Luther Deutsch (10 Bde. und Registerband). Hg. von K. Aland. Göttingen 1991

LW/LWE Martin Luther: Ausgewählte Werke (Luthers Werke – Münchner Ausgabe; 6 Bde., zit. als: LW und 7 Ergänzungsbde., zit. als: LWE). Hg. von H. H. Borcherdt und G. Merz. München 3/1960 ff.

MD Melanchthon deutsch. Hg. von M. Beyer u. a. 2 Bde. Leipzig 1997

ML Philipp Melanchthon. Der Lehrer Deutschlands. Ein biographisches Lesebuch. Hg. von H.-R. Schwab. München 1997

MS Thomas Müntzer: Schriften. Liturgische Texte. Briefe. Hg. von R. Bentziger und S. Hoyer. Berlin 1990

WA/WBr/WTr Martin Luther: Weimarer Ausgabe (WA). Kritische Gesamtausgabe. 135 Bde. Weimar 1883 ff. Nachdruck 1964 ff. (Sonderedition 2000 ff.). WBr = Briefe, WTr = Tischreden

ZS Huldrych Zwingli: Schriften. 4 Bde. Hg. von Th. Brunnschweiler und S. Lutz. Zürich 1995

Verwendete Quellen zur Zeitgeschichte

DG: Deutsche Geschichte in Quellen und Darstellung. Bd. 3: Reformationszeit 1495–1555. Hg. von U. Köpf. Stuttgart 2001

DR: Deutsche Reichstagsakten [unter Kaiser Karl V.] (Jüngere Reihe). Hg. durch die Historische Kommission bei der Bayerischen Akademie der Wissenschaften. Gotha 1893 ff. Nachdruck Göttingen 1962

HB: Hillerbrand, H. J. (Hg.): Brennpunkte der Reformation. Zeitgenössische Texte und Bilder. Göttingen 1967

HF: Heinrich Fausel: D. Martin Luther. Leben und Werk. 2 Bde. Stuttgart 2/1996

IL: Ignatius von Loyola. Deutsche Werkausgabe. Übers. von P. Knauer. Bd. 1: Briefe und Unterweisungen. Würzburg 1993; Bd. 2: Gründungstexte der Gesellschaft Jesu. Würzburg 1998

KQ: Kirchen- und Theologiegeschichte in Quellen. Hg. von H. A. Oberman u. a. Bd. III: Die Kirche im Zeitalter der Reformation. Neukirchen-Vluyn 4/1994

KV.: Karl V. Dargestellt von H. Nette. Reinbek 5/2000 (rowohlts monographien 280)

RA: Die Reformation in Augenzeugenberichten. Hg. von E. Junghans. München 1973
RS: Robert Stupperich: Die Reformation in Deutschland. München 1972
TR: Das Täuferreich zu Münster. 1534–1535. Hg. von R. van Dülmen. München 1974

Verwendete Quellen zur Wirkungsgeschichte

BS: Walter Benjamin: Kapitalismus als Religion. In: Ders.: Gesammelte Schriften. Bd. VI. Frankfurt a. M. 1985, S. 100–103
BW: Dietrich Bonhoeffer: Predigt zum Reformationsfest am 6. XI. 1931. In: Werke. Hg. von E. Bethge. Bd. 12: Berlin 1932–1933. Hg. von C. Nicolaisen und E.-A. Scharffenorth. Gütersloh 1997, S. 425–431
GER: Gemeinsame Erklärung zur Rechtfertigungslehre. Endgültiger Vorschlag 1997. Hg. vom Lutherischen Weltbund und vom Päpstlichen Rat zur Einheit der Christen. In: Lutherische Monatshefte (LM) 10/1997, S. 49–60
GV: Friedrich Gogarten: Verhängnis und Hoffnung der Neuzeit. Die Säkularisierung als theologisches Problem. Gütersloh 2/1987
KQ: Kirchen- und Theologiegeschichte in Quellen. Hg. von H. A. Oberman u. a. Bd. IV/1 und IV/2: Neuzeit. Hg. von H. W. Krumwiede u. a. NeukirchenVluyn 1979/80
KW: Immanuel Kant: Beantwortung der Frage: Was ist Aufklärung. In: Ders.: Werke in zehn Bänden. Hg. von W. Weischedel. Darmstadt 1983, Bd. 9, S. 51–61
ME: Thomas Mann: Deutschland und die Deutschen (1945). In: Ders.: Essays, Bd. 5. Hg. von H. Kurzke und S. Stachorsky. Frankfurt a. M. 1996, S. 260–281
NW: Friedrich Nietzsche: Der Antichrist. Fluch auf das Christentum. In: Ders.: Werke. Hg. von K. Schlechta. Frankfurt a. M. u. a. 1984, Bd. III, S. 607–681

Weitere wichtige Werk- und Einzelausgaben

Die Bekenntnisschriften der evangelisch-lutherischen Kirche. Göttingen 12/1999
Die Bekenntnisschriften der reformierten Kirche. Hg. von E. F. K. Müller. Leipzig 1903
Calwer Luther-Ausgabe (10 Bde.). Hg. von W. Metzger. Stuttgart 1996
Ioannis Calvini Opera quae supersunt omnia. Hg. von G. Baum u. a. 58 Bde. Berlin, Braunschweig 1863 ff.
Ioannis Calvini Opera selecta. Hg. von P. Barth, W. Niesel u. a. 5 Bde. München 1926 ff.
Johannes Calvins Lebenswerk in Briefen. Eine Auswahl von Briefen Calvins in deutscher Übersetzung. Hg. von R. Schwarz. 2 Bde. Tübingen 1909, Reprint 1997
Luther, M.: Der große Katechismus. Gütersloh 2/1998
Luther, M.: Von der Freiheit eines Christenmenschen. Gütersloh 2/1998
Luthers Werke in Auswahl. Studienausgabe (8 Bde.). Hg. von Otto Clemen. Berlin, 6. bzw. 3. Aufl. 1962 ff. (Auswahlausgabe auf wissenschaftlichem Niveau)
Martin Luther (6 Bde.). Hg. von K. Bornkamm und G. Ebeling. Frankfurt a. M. 1995 (Auswahlausgabe auf allgemeinverständlichem Niveau)
Martin Luther Studienausgabe. Hg. von H.-U. Delius. Leipzig 1987 ff. (Auswahlausgabe auf wissenschaftlichem Niveau)
Melanchthons Werke in Auswahl. Studienausgabe. Hg. von R. Stupperich. 7 Bde. Gütersloh 1951 ff.

Melanchthons Briefwechsel (Regesten und Texte). Kritische und kommentierte Gesamtausgabe. Hg. von H. Scheible. Stuttgart-Bad Cannstatt 1975 ff.
Philipp Melanchthon: Loci communes 1521. Übers. von H. G. Pöhlmann (dt./lat.). Gütersloh 2/1997
Thomas Müntzer: Schriften und Briefe. Kritische Gesamtausgabe. Hg. von G. Franz. Quellen und Forschungen zur Reformationsgeschichte. Bd. XXXIII. Gütersloh 1968
Thomas Müntzer: Schriften und Briefe. Hg. von G. Wehr. Zürich 1989
Zwingli, H.: Sämtliche Werke. Hg. Vom Zwingli-Verein Zürich. Zürich 1982 ff.
Zwingli, H.: Historisch-kritische Gesamtausgabe (lat./dt.), 7 Bde. Reprint der Ausg. von 1905. Zürich 1995

Hilfsmittel

Aland, K.: Hilfsbuch zum Lutherstudium. Bielefeld 4/1996
Aland, K. (Hg.): Lutherlexikon. (Erg.-Bd. zu: Luther Deutsch, hg. K. Aland). Göttingen 4/1983
Ebeling, G. u. a. (Hg.): Archiv zur Weimarer Lutherausgabe. Köln, Wien 1991 ff.
Hillerbrand, H. J. (Hg.): The Oxford Encyclopedia of the Reformation. 4 Bde. New York, Oxford 1996

Jahrbücher, Zeitschriften usw.

Archiv für Reformationsgeschichte (ARG). Gütersloh
Luther. Zeitschrift der Luther-Gesellschaft. Göttingen
Lutherjahrbuch. Organ der internationalen Lutherforschung (LuJ). Hg. von H. Junghans im Auftrag der Luther-Gesellschaft. Göttingen
Lutherische Monatshefte
Zwingliana. Beiträge zur Geschichte Zwinglis, der Reformation und des Protestantismus in der Schweiz. Hg. vom Zwingli-Verein Zürich.

Biographien

Bainton, R. H.: Frauen der Reformation. Von Katharina von Bora bis Anna Zwingli. Gütersloh 3/1996
Bloch, E.: Thomas Münzer als Theologe der Reformation (1921). In: Werkausgabe. Bd. 2. Frankfurt a. M. 1985
Brecht, M.: Martin Luther. 3 Bde. Studienausgabe. Stuttgart 1994 (Ausführliche, wissenschaftliche Standardbiographie)
Bubenheimer, U.: Thomas Müntzer. Herkunft und Bildung. Leiden 1989
Cottret, B.: Calvin. Eine Biographie. Stuttgart 1998
Dietrich, Veit-Jakobus: Martin Luther. Sein Leben und seine Zeit. München 2/2010
Febvre, L.: Martin Luther (1928). Frankfurt a. M., New York 1996
Feldmann, Christian: Martin Luther. Reinbek 2009
Friedenthal, R.: Luther. Sein Leben und seine Zeit. München, Zürich 10/2000
Gäbler, U.: Huldrych Zwingli. Eine Einführung in sein Leben und sein Werk. München 1983
Goertz, H.-J.: Thomas Müntzer. Mystiker, Apokalyptiker, Revolutionär. München 1989
Greef, Wulfert de: Johannes Calvin. Eine Einführung in sein Leben und seine Schriften. Neukirchen-Vluyn 2009
Greschat, M. (Hg.): Gestalten der Kirchengeschichte. Bd 5/6: Die Reformationszeit (I/II). Stuttgart u. a. 2/1994
Jung, Martin H.: Philipp Melanchthon und seine Zeit. Göttingen 2010

Kaufmann, Th.: Reformatoren. Göttingen 1998
Korsch, D.: Martin Luther zur Einführung. Hamburg 1997
Leppin, Volker: Martin Luther. Darmstadt 2006
Lexutt, Athina: Luther. Köln 2008
Link, Christian: Johannes Calvin. Humanist, Reformator, Lehrer der Kirche. Zürich 2009
Maurer, E.: Luther. Freiburg i. Br. 1999
Opitz, Peter: Leben und Werk Johannes Calvins. Göttingen 2009
Scheible, H.: Melanchthon. Eine Biographie. München 1997
Schwarz, R.: Luther. Göttingen 2/1998
Selderhuis, Herman J.: Johannes Calvin. Mensch zwischen Zuversicht und Zweifel. Gütersloh 2009
Strohm, Christoph: Johannes Calvin. Leben und Werk des Reformators. München 2009
Stupperich, R.: Philipp Melanchton. Hg. von D. Junker. Göttingen 1996
Zahrnt, H.: Martin Luther. Reformator wider Willen. Leipzig 2000
Zitelmann, A.: «Ich will donnern über sie!» Die Lebensgeschichte des Thomas Müntzer. Weinheim, Basel 1994 (Ab Jugendalter geeignet)
Zitelmann, A.: «Widerrufen kann ich nicht.» Die Lebensgeschichte des Martin Luther. Weinheim 1996 (Ab Jugendalter geeignet)

Reformationsgeschichte

Leppin, Volker: Das Zeitalter der Reformation. Eine Welt im Umbruch. Stuttgart 2009
Lexutt, Athina: Die Reformation. Ein Ereignis macht Epoche. Köln 2009
Lortz, J.: Die Reformation in Deutschland (1939/40). Freiburg u. a. 6/1982 (Klassische Darstellung aus katholischer Sicht)
Moeller, B.: Deutschland im Zeitalter der Reformation. Göttingen 4/1999 (Geschichtliche Darstellung auf neuem Forschungsstand)
Mühlen, K.-H. zur: Reformation und Gegenreformation. 2 Teile. Göttingen 1999 (Protestantische kirchengeschichtliche Darstellung auf dem neuesten Forschungsstand)
Schorn-Schütte, L.: Die Reformation. Vorgeschichte – Verlauf – Wirkung. München 1996 (Prägnante Zusammenfassung auf neuestem wissenschaftlichem Stand)

Zeitgeschichte

Acta Reformationis Catholicae. Die Reformverhandlungen des deutschen Episkopats von 1520 bis 1570. Hg. von G. Pfeilschifter. Regensburg 1959 ff.
Baumann, U.: Heinrich VIII. Reinbek 3/1998 (rowohlts monographien 44)
Gail, A. J.: Erasmus von Rotterdam. Reinbek 1974 (rowohlts monographien 214)
Ranke, L. von: Deutsche Geschichte im Zeitalter der Reformation. Neu hg. von W. Andreas. 2 Bde. 1957 (Klassische Darstellung der Geschichtswissenschaft)
Zimmermann, W.: Der große deutsche Bauernkrieg. Volksausgabe Berlin 13/1993

Monographien und Sammelbände

Althaus, P.: Die Theologie Martin Luthers. Gütersloh 7/1994 (Klassische protestantische Darstellung)
Bräuer, S., Junghans, H. (Hg.): Der Theologe Thomas Müntzer. Untersuchungen zu seiner Entwicklung und Lehre. Göttingen 1989
Brennecke, H. Ch., Sparn, W. (Hg.): Melanchthon. Erlangen – Nürnberg 1998.
Ebeling, G.: Luthers Seelsorge. Theo-

logie in der Vielfalt der Lebenssituationen an seinen Briefen dargestellt. Tübingen 1999
Erikson, E. H.: Der junge Mann Luther. Eine psychoanalytische und historische Studie. Reinbek 1970
Goertz, H.-J.: Die Täufer. Geschichte und Deutung. München 2/1988
Grane, L.: Die Confessio Augustana. Einführung in die Hauptgedanken der lutherischen Reformation. Göttingen 1996.
Hauschild, W.-D.: Lehrbuch der Kirchen- und Dogmengeschichte. Bd. 2: Reformation und Neuzeit. Gütersloh 1999
Haustein, J. (Hg.): Philipp Melanchthon. Ein Wegbereiter für die Ökumene. Göttingen 2/1997
Lohse, B.: Luthers Theologie in ihrer historischen Entwicklung und ihrem systematischen Zusammenhang. Göttingen 1996 (Protestantische Darstellung auf neuem Forschungsstand)
Opitz, P.: Calvins theologische Hermeneutik. Neukirchen-Vluyn 1994
Stephens, P.: Zwingli – Einführung in sein Denken. Übers. Von K. Bredull-Gerschwiler. Zürich 1997
Stolt, B.: Martin Luthers Rhetorik des Herzens. Tübingen 2000

Wirkungsgeschichte

Beuys, B.: Und wenn die Welt voll Teufel wär. Luthers Glaube und seine Erben. Reinbek 1982
Hauschild, W.-D. (Hg.): Profile des Luthertums: Biographien zum 20. Jahrhundert (Die Lutherische Kirche, Geschichte und Gestalten. Bd. 20). Gütersloh 1998
Rohls, J.: Protestantische Theologie der Neuzeit. 2 Bde. Tübingen 1997
Schiller, F.: Geschichte des Dreißigjährigen Krieges. Vollständiger Nachdruck der Erstfassung. Zürich 1985
Seimon-Netto, U.: Luther als Wegbereiter Hitlers? Zur Geschichte eines Vorurteils. Gütersloh 1993
Weber, M.: Die protestantische Ethik und der «Geist» des Kapitalismus. Hg. von K. Lichtblau und J. Weiss. Weinheim 2/1996

Literatur

Becker, Thorsten: Das ewige Haus. Reinbek 2010
Dürrenmatt, F.: Es steht geschrieben. Die Wiedertäufer. Zwei Stücke. München 1979
Pfeiffer, H.: Thomas Müntzer. Ein biographischer Roman. Berlin 1989
Sachau, U.: Das letzte Geheimnis: das Leben und die Zeit der Katharina von Bora. Augsburg 1999 (Romanbiographie)
–: Das Licht der himmlischen Akademie: die Welt des Philipp Melanchthon. München 1997 (Romanbiographie)
Strindberg, A.: Die Nachtigall von Wittenberg (Näktergalen i Wittenberg). Berlin, Leipzig 1904
Vinçon, H.: Was meinte Luther mit dem Apfelbaum? Literarische Lektionen von Hans Sachs bis Sarah Kirsch. Stuttgart 1996

Namenregister

Die kursiv gesetzten Zahlen bezeichnen die Abbildungen

Über den Autor

Veit-Jakobus Dieterich, geboren 1952 in Maulbronn, studierte Theologie, Chemie sowie Geschichte und promovierte in Pädagogik. Studienaufenthalt in Santiago de Chile. Tätigkeiten in Kirche, Schule, Lehrerfortbildung und Hochschule. Arbeitet gegenwärtig an der Universität Stuttgart-Hohenheim.

Veröffentlichungen: Naturwissenschaftlich-technische Welt und Natur im Religionsunterricht. Eine Untersuchung von Materialien zum Religionsunterricht in der Weimarer Republik und in der Bundesrepublik Deutschland (1918–1985) (2 Bde.). Frankfurt a. M. u. a. 1990; Art.: Martin Luther. In: Demokratische Wege. Deutsche Lebensläufe aus fünf Jahrhunderten. Ein Lexikon. Hg. von M. Asendorf und R. von Bockel. Stuttgart/Weimar 1997; Johann Amos Comenius (rowohlts monographien 466). Reinbek, 3. Aufl. 1999; Franz von Assisi (rowohlts monographien 542). Reinbek, 4. Aufl. 2001; Büttner, Gerhard/Dieterich, Veit-Jakobus (Hg.): Grundkurs Religiöse Entwicklung. Klassische Positionen. Stuttgart 2000. Zahlreiche Aufsätze in theologischen, religionspädagogischen und pädagogischen Zeitschriften. (Mit-)Verfasser von Schulbüchern für den Religionsunterricht.

Danksagung

Für zahlreiche Hinweise und Anregungen möchte ich insbesondere Armin Degenhart, Helga Dieterich, Johannes Dieterich, Manuel Dieterich und Wolfgang Schöllkopf danken. Ohne die Unterstützung von Sabine Basler und Doris Stahl wäre das Buch nicht zustande gekommen. Ihnen sei an dieser Stelle herzlich gedankt.

Quellennachweis der Abbildungen

Stiftung Luthergedenkstätten in Sachsen-Anhalt, Lutherstadt Wittenberg: Umschlagvorderseite (Foto: Wilfried Kirsch)

Fotos: akg-images, Berlin: 1 und 3 (Toledo, The Toledo Museum of Art), 9, 11 (Berlin, Deutsches Historisches Museum), 20 (Eisenach, Wartburg), 31, 41 (© VG Bild-Kunst, Bonn 2002; Foto: Dieter Demme), 60/61 (Mailand, Refektorium des ehemaligen Klosters von S. Maria delle Grazie), 78 (Mildensee bei Dessau, Dorfkirche), 87 (Genf, Musée d'Art et d'Histoire), 107 (Genf, Bibliothèque publique et universitaire), 111 (Schleswig, Schleswig-Holsteinisches Landesmuseum), 118 (Braunschweig, Herzog Anton Ulrich-Museum), 132/133, Umschlagrückseite unten

© Bildarchiv Preußischer Kulturbesitz, Berlin, 2002: 7, 15 (Annaberg, Stadtkirche St. Annen), 27 (Kupferstichkabinett), 49 (Winterthur, Kunstmuseum), 81 (Kupferstichkabinett), 96/97 (Wittenberg, Stadtpfarrkirche St. Marien), 99 (Colmar, Musée d'Unterlinden; Foto: Jochen Remmer), 101, 103 (Rom, Vatikan), 131

Devonshire Collection, Chatsworth. Reproduced by permission of the Duke of Devonshire and the Chatsworth Settlement Trustees: 12

Foto: Rowohlt Archiv: 17, 114, 121, Umschlagrückseite oben

Scala Group, Picture Library, Florenz: 24 (Venedig, Dogenpalast), 25 (Venedig, Dogenpalast)

Wartburg-Stiftung, Eisenach: 35

© Stadtarchiv Überlingen: 39

Westfälisches Landesmuseum für Kunst und Kulturgeschichte Münster/Dauerleihgaben der Bundesrepublik Deutschland: 44, 45 (Sabine Ahlbrand-Dornseif)

Öffentliche Kunstsammlung Basel, Kunstmuseum: 50 (Foto: Martin Bühler)

Schweizerisches Landesmuseum, Zürich: 52 (Inventar-Nr.: AG 7.1-3)

Historisch Museum Rotterdam, Stichting Atlas Van Stolk: 54 (Inventar-Nr.: AVS S.1530/19)

Aus: Werner Hilgemann, Hermann Kinder: dtv-Atlas zur Weltgeschichte. Graphik von Harald und Ruth Bukor. © 1964, 2000 Deutscher Taschenbuch Verlag, München: 64, 84

Horne-Stiftung, Florenz: 69

Kunstsammlungen der Veste Coburg: 72/73, 80

Bayerische Julius-Maximilians-Universität Würzburg, Universitätsbibliothek, Handschriftenabteilung: 76/77

Foto: Veit-Jakobus Dieterich: 82

Bibliothèque publique et universitaire, Collections iconographiques, Genf: 90

Rheinisches Bildarchiv Köln: 115 (Köln, Wallraf-Richartz-Museum)

Staatsgalerie Stuttgart: 125 (© VG Bild-Kunst, Bonn 2002)

Horst Wackerbarth, Düsseldorf: 140 (© VG Bild-Kunst, Bonn 2002)

Trotz sorgfältiger Recherchen konnten nicht alle Rechteinhaber ermittelt werden. Der Verlag ist bereit, berechtigte Ansprüche in üblicher Weise abzugelten.